BITCOIN

FÜR EINSTEIGER

MARCO BÜHLER

Bibliografische Information der Deutschen Nationalbibliothek.

Die Deutsche Nationalbibliothek verzeichnet diese Publikation in der Deutschen Nationalbibliografie; detaillierte bibliografische Daten sind
im Internet über http://dnb.dnb.de abrufbar.

Für Fragen und Anregungen:
info@eulogiaverlag.de

ISBN Softcover: 978-3-96967-397-3
ISBN eBook: 978-3-96967-398-0

Originale Erstausgabe 2024

Eulogia Verlags GmbH
Gerhofstraße 1–3
20354 Hamburg

Lektorat: Sandra Pichler
Satz und Layout: Tomasz Dębowski
Cover: Gianluca Spezzacatena

BITCOIN

FÜR EINSTEIGER

EULOGIA
VERLAG

Inhaltsverzeichnis

VORWORT

Liebe Leserin, lieber Leser,

als mir die Aufgabe zuteilwurde, die Grafiken für „Bitcoin für Einsteiger" zu entwerfen, konnte ich die Spannung kaum in Worte fassen. Bitcoin – ein Thema, das in den letzten Jahren so viel Aufmerksamkeit, Spekulation und auch Kontroversen erregt hat.

Doch was steckt wirklich dahinter? Dieses Buch schlägt nicht nur ein neues Kapitel im Finanzwesen auf, sondern gewährt auch einen tiefgründigen Einblick in ein System, das unsere ganze Perspektive auf Geld und Transaktionen revolutioniert.

Am Rande des kreativen Prozesses bemerkte ich die Herausforderungen und die unglaubliche Hingabe, die der Autor Marco Bühler in jeden Teil, jeden Abschnitt und jede Zeile steckte. Ich sah, wie komplexe Themen in verständliche und greifbare Konzepte verwandelt wurden, zugänglich für jeden – egal ob du ein kompletter Neuling oder bereits ein Enthusiast in der Welt des Bitcoins bist. Dieses Buch liefert nicht nur das essenzielle Wissen, um Bitcoin zu verstehen, sondern regt auch dazu an, sich vertieft mit der Innovation auseinanderzusetzen, die unsere finanzielle Zukunft prägen wird.

Ich lade dich herzlich ein, mit „Bitcoin für Einsteiger" auf eine Entdeckungsreise zu gehen. Lass uns gemeinsam die vielfältigen Möglichkeiten erkunden, die Bitcoin bietet. Es ist eine aufregende Zeit, und ich bin überzeugt, dass dir dieses Buch nicht nur die Augen für die Welt des Bitcoins öffnen wird, sondern auch für sein immenses Potenzial.

Viel Spaß beim Lesen!
Gianluca Spezzacatena

TEIL 1

Warum braucht die Welt Bitcoin?

Obwohl dies ein Sachbuch ist, möchte ich diese Lektüre mit meinen persönlichen Erfahrungen und Denkweisen ergänzen. Mir ist bewusst, dass du und ich die Welt nicht gleich wahrnehmen und verstehen. Trotzdem empfinde ich dies als wichtig, damit auch du den Weg zu Bitcoin finden kannst, sofern du das möchtest und dafür bereit bist.

Als langjähriger Experte beschäftige ich mich vollzeitlich mit dem Thema Bitcoin und allem, was dazugehört. Ich werde versuchen dir alles, was ich auf meiner Reise gelernt und erlebt habe, komprimiert und verständlich zu vermitteln. Dieses Buch soll für dich als eine Art Sprungbrett dienen, also einen idealen Start bieten, von welchem aus du selbst entscheiden kannst, ob und wie du dich weiter mit der Thematik Bitcoin beschäftigen möchtest. Egal ob von der technologischen oder der wirtschaftlichen Seite, Bitcoin ist nach dem Internet wahrscheinlich die interessanteste neue Technologie unserer Zeit.

Im ersten Teil wird es darum gehen, dir aufzuzeigen, welche und vor allem wie viele Missstände in unserem traditionellen Finanzsystem aufzufinden sind und weshalb immer mehr Befürworter von Bitcoin die Lösung in ihm sehen.

GESCHÄFTSBANKEN

Als ich sechs Jahre alt war, saßen meine Mutter und ich in Zürich in einer Straßenbahn, mit der wir an mehreren imposanten Gebäuden vorbeifuhren. Als neugieriger kleiner Junge war ich daran interessiert, zu erfahren, wem diese Gebäude gehören. Nachdem mich meine Mutter darüber aufgeklärt hatte, dass die meisten von ihnen im Besitz der Schweizer Großbanken sind, fragte ich mich, was diese genau tun, um sich derart beeindruckende Häuser leisten zu können. Ich wurde stutzig und wollte wissen, was Banken sind.

Seit jenem Zeitpunkt, als meine Mutter mir ihre grundlegenden Erklärungen und ihre Sichtweise auf die Tätigkeiten von Banken dargelegt hatte, entwickelte sich in mir eine tiefe Skepsis, ja sogar eine deutliche Ablehnung gegenüber vielen Geschäftspraktiken dieser Finanzinstitute. Diese Haltung wurde über die Jahre und Jahrzehnte durch die Sammlung weiterer Informationen und persönlicher Erlebnisse nur noch bestärkt. Je mehr ich über die internen Abläufe und die oft intransparenten Strategien erfuhr, desto mehr festigte sich meine Überzeugung, dass viele dieser Modelle nicht im besten Interesse der Allgemeinheit sind. Diese Erkenntnis wurde durch Berichte über unethisches Verhalten, exorbitante Boni, riskante Spekulationsgeschäfte und die Ausnutzung von Steueroasen weiter genährt. Es scheint, als ob die Gier und Profitmaximierung oft vor sozialer Verantwortung und ethischen Grundsätzen steht, was mich zutiefst beunruhigt und meine Abneigung gegenüber solchen Geschäftsgebaren kontinuierlich verstärkt.

Zum Glück bin ich nicht der einzige Kritiker des heutigen Bankensystems. So wie sich die Menschheit über die Jahrhunderte, ja gar

Jahrtausende entwickelt hat, gibt es auch hierfür eine Lösung – oder zumindest einen Teil zu einer Lösung: Bitcoin. Im Alltagsleben spielen Geschäftsbanken eine direkte Rolle, da sie unsere Konten führen, Kredite vergeben und täglich finanzielle Transaktionen tätigen. Doch hinter dieser Fassade verbergen sich komplexe Gefüge. Sie sind das Bindeglied zwischen der breiten Bevölkerung und der Wirtschaft.

Über den Geschäftsbanken stehen die Zentralbanken, welche die Geldmenge kontrollieren und als „Bank der Banken" dienen. In der Regel arbeiten Zentralbanken sehr eng mit dem Staat zusammen, auch wenn sie sich gegen außen als unabhängig darstellen. Das Zusammenspiel zwischen Geschäftsbanken und Zentralbanken ist essenziell, denn es beeinflusst das Wirtschaftsgeschehen und somit das Leben aller Menschen – oft ohne deren Wissen und nicht selten zu ihrem Nachteil. Dies äußert sich in Phänomenen wie dem „Cantillon-Effekt", bei dem diejenigen, die am nächsten an der Quelle des neu geschaffenen Geldes stehen, also Banken und ihre bevorzugten Kunden, von der Geldschöpfung durch die frühe Akquisition von Vermögenswerten profitieren, während die breite Masse mit den nachteiligen Folgen wie Inflation und wirtschaftlichen Ungleichgewichten zu kämpfen hat. Dieses Buch wird zu einem späteren Zeitpunkt die Rolle der Zentralbanken beleuchten und aufzeigen, wie gerade ihre Existenz und Funktionsweise die Bedeutung und Notwendigkeit von Bitcoin als dezentrale Alternative hervorhebt.

Wir beginnen bei den kommerziellen Banken, welche sich in Dienstleistungen für Privatpersonen und Unternehmen unterteilen, wobei nicht jede Bank das gesamte Spektrum bereitstellt:

1. **Investmentbanking**
   - **Aktien- und Anleiheemissionen:** Unterstützung von Unternehmen beim Verkauf von Aktien oder Anleihen, um Kapital zu beschaffen.
   - **Fusionen und Übernahmen:** Beratung von Unternehmen bei Fusionen, also dem Zusammenschluss mit anderen Unternehmen, und bei Übernahmen, also beim Kauf anderer Unternehmen.

2. **Verwaltung von Anlagen und Vermögen**
   - Professionelle Verwaltung von Investments wie Aktien, Anleihen und anderen Vermögenswerten für Kunden.
   - Umfassendere Dienstleistungen, die oft Finanzplanung und -beratung einschließen.
3. **Privatkundengeschäft**
   - Bietet grundlegende Bankdienstleistungen wie Kontoführung, Kreditkarten, Hypotheken und persönliche Kredite für die allgemeine Öffentlichkeit.
4. **Unternehmenskunden- und Firmenkundengeschäft**
   - Spezialisierte Dienstleistungen für Unternehmen wie kurz- und langfristige Kredite, Verwaltung der Bargeldströme des Unternehmens, Handelsfinanzierungen von Importen und Exporten und Verwaltung der finanziellen Risiken und der Liquidität eines Unternehmens.
5. **Zahlungsverkehr und Abwicklung**
   - Verarbeitung von Finanztransaktionen wie Überweisungen, Lastschriften und Zahlungen mit Kredit- oder Debitkarten.
6. **Handel und Brokerage**
   - **Handel:** Kauf und Verkauf von Finanzprodukten wie Aktien, Anleihen und Währungen für Kunden oder auf eigene Rechnung der Bank.
   - **Brokerage:** Vermittlung von Finanztransaktionen für Kunden, zum Beispiel der Kauf und Verkauf von Aktien und Anleihen.
7. **Digitale Bankdienstleistungen**
   - Banking-Dienstleistungen, die es Kunden ermöglichen, ihre Konten zu verwalten und Transaktionen über das Internet oder Smartphone-Apps durchzuführen.
8. **Spezialfinanzierungen**
   - Spezielle Finanzierungsdienstleistungen, die über das traditionelle Bankgeschäft hinausgehen, zum Beispiel Leasing (Langzeitmiete von Ausrüstung oder Fahrzeugen), Factoring

(Ankauf von Forderungen eines Unternehmens) und spezielle Projektfinanzierungen.

9. **Einlagen- und Kreditgeschäft**
   - **Einlagen:** Kunden legen ihr Geld bei der Bank in Form von Giro- oder Sparkonten an. Die Bank zahlt auf diese Einlagen in der Regel Zinsen.
   - **Kreditgeschäft und Geldschöpfung:** Die Bank verleiht das Geld an andere Kunden durch Hypotheken, Autokredite, persönliche Darlehen usw. Dabei profitiert sie von der positiven Zinsmarge, indem sie höhere Zinsen für diese Kredite berechnet, als sie auf Einlagen zahlt. Wenn Banken Kredite vergeben, schaffen sie in der Regel neues Buchgeld, da der verliehene Betrag als Guthaben auf dem Konto des Kreditnehmers erscheint. Dieser Prozess erhöht die Geldmenge in der Wirtschaft, ohne dass physisches Geld gedruckt wird.

Abgesehen vom Kreditgeschäft und der Geldschöpfung, die kritisch zu betrachten sind, gelten die übrigen Tätigkeiten der Banken als valide, oder? Dennoch herrscht unter der Bevölkerung ein ausgeprägtes Misstrauen gegenüber Bankinstituten, welches sogar zu wachsen scheint. Dieser erste Teil zielt darauf ab, diese Skepsis zu begründen und aufzuzeigen, warum Bitcoin als gerechteres Finanzsystem immer mehr Akzeptanz findet.

Ungerechtigkeit

Gehen wir von einem Handwerker aus, der montags bis freitags durch seine Arbeit einen Mehrwert für die Gesellschaft generiert. Seine produzierten Güter und Dienstleistungen bietet er zum Verkauf an. Den Erlös erhält er in einer Form von Geld, beispielsweise in Euro. Grundsätzlich handelt es sich hierbei um einen Tauschhandel über ein Zwischenmedium, da er schlecht einen Hundertstel Tisch für einen Sechserpack Wasser eintauschen kann. Der Handwerker erhält als Gegenleistung für seine Arbeit von seinen Kunden eine Währung, welche den Zweck haben sollte, seine Kaufkraft in die Zukunft zu transportieren. Somit kann er zu einem späteren Zeitpunkt mit der teilbaren Währung das Wasser oder andere gewünschte Güter und Dienstleistungen einkaufen.

Auch der Handwerker kommt in unserer modernen Welt nicht daran vorbei, ein Bankkonto zu führen, auf dem er sein erarbeitetes Geld verwahrt. Er trägt sein Bargeld zur Bank und zahlt es auf sein Konto ein; oder seine Kunden initiieren eine Überweisung von ihrem Konto auf das seine. Doch in jeder dieser Transaktionen zwischen dem Handwerker und dem Abnehmer ist mindestens ein Dritter mit im Spiel – die Bank. Oft genug schaltet sich noch ein weiterer Akteur in diesen Geldfluss ein, ein Payment Service Provider, der für die bequeme Abwicklung der Zahlung einen kleinen Prozentsatz des Transaktionsvolumens für sich beansprucht, z. B. Visa, Mastercard oder PayPal. So wird aus dem einfachen Akt des Kaufens und Verkaufens ein komplexes Geflecht finanzieller Interaktionen, an dem mehrere Parteien verdienen.

Wie notwendig ist dies wirklich? Muss bei jeder Transaktion, die wir tätigen, ein Dritter beteiligt sein und mitprofitieren? Eigentlich wollen wir doch nichts anderes, als unsere Arbeitsleistung in Geld zwischenzuspeichern, um diese für eine andere Arbeitsleistung zu einem späteren Zeitpunkt wieder einzutauschen. Das ist alles. An dieser Stelle können wir bereits die erste Brücke zu Bitcoin finden.

Bitcoin ist ein dezentrales Netzwerk für Transaktionen, ohne den Einbezug von Dritten.

Bitcoin ist digitales Geld, welches von Person zu Person über das Internet direkt versendet werden kann, ohne dass ein Finanzinstitut mitprofitiert. Es funktioniert weltweit. Niemand und gleichzeitig alle kontrollieren es.

Banken sind von den Einlagen ihrer Kunden abhängig. Obwohl es die verschiedensten Arten von Banken zu unterscheiden gilt, können wir gewisse fragwürdige Ähnlichkeiten feststellen, zum Beispiel die Auftritte gegen außen. Nicht selten sind es die Banken, welche in den Großstädten die höchsten und prächtigsten Gebäude angemietet oder sogar erworben haben. Ist das notwendig und gerechtfertigt? Die meisten von uns wollen doch nichts anderes, als ihr angespartes Geld sicher aufzubewahren. Braucht es dafür diese pompösen Auftritte wirklich?

Abbildung 1 Großbanken Citi, HSBC und Barclays in London, Quelle: www.pexels.com

Gedankenspiel: Wir könnten sagen, dass Spitäler, Schulen oder Produktionsstätten statt Finanzdienstleistern, die meist nur virtuelles Geld bewegen, diese Gebäude nutzen sollten, wenn es um den Beitrag zur Gesellschaft geht. Unser Geld, das wir bei den Banken deponiert haben, liegt schon lange nicht mehr vollständig physisch in einem Tresor.

Obwohl diese Sachverhalte keine Geheimnisse sind, macht sich die Bevölkerung erstaunlich wenig Gedanken über die Geschäftspraktiken von Banken. Auch nach Rettungsaktionen, welche den Steuerzahler indirekt belasten können, verstummt der initiale Aufruhr meist schnell und alles bleibt mehr oder weniger, wie es war.

Während der Finanzkrise im Jahr 2008 war Citigroup eine der Banken, die erhebliche staatliche Unterstützung erhielten. Die Rettungsaktion (Bailout) der Citigroup und anderer großer Banken wurde durch das Troubled Asset Relief Program (TARP) und andere Maßnahmen umgesetzt. Die US-Regierung stellte Milliarden von Dollar zur Verfügung, um das Finanzsystem zu stabilisieren und einen kompletten Kollaps zu verhindern. Oft wird dann mit „too big to fail" argumentiert, was nichts anderes bedeutet, als dass der Schaden zu groß wäre, die Bank Konkurs gehen zu lassen. Unser Handwerker von vorhin erhält diese direkte Hilfe nicht.

Die Kosten für den Bailout wurden durch staatliche Mittel gedeckt, was indirekt bedeutet, dass Steuerzahler dafür aufkamen. Der Bailout war zwar keine direkte Steuer, aber seine finanziellen Folgen können die Bürger treffen. Dies kann durch höhere Staatsverschuldung geschehen, was zu höheren Zinsen führt, die der Staat für seine Schulden zahlen muss. Auch Kürzungen bei öffentlichen Ausgaben und Dienstleistungen sind möglich.

Trotz dieses Wissens nutzen wir das etablierte Bankensystem täglich, was mit fehlenden Alternativen erklärbar wäre. Doch diese Zeiten haben sich geändert.

Abhängigkeit

Wer an den Bankenschalter tritt und seine Karte einschiebt oder wer online den Kontostand prüft, der glaubt oft, er blicke auf sein eigenes Geld. Doch in Wahrheit ist es ein Tanz auf dem Drahtseil des Vertrauens. Wenn wir Geld auf ein Konto legen, geben wir der Bank rechtlich gesehen ein Darlehen – unser Geld wird zur Forderung gegen die Bank. Doch in deren Tresoren liegt nicht unser Bargeld, jederzeit bereit zur Abholung. Das Bankenwesen beruht auf dem Prinzip des „Fractional Reserve Banking". Hier wird also nur ein

Bruchteil der Einlagen als Reserve gehalten, der Rest wird investiert oder als Kredite vergeben.

Hier beginnt eine spannende Überlegung: Was, wenn alle Kunden gleichzeitig beschließen, ihr Geld zurückzufordern? Die Wahrheit ist, die Banken hätten nicht genug Bargeld, um jedem sein Guthaben auszuzahlen. Dieses Szenario wird als „Bank Run" bezeichnet – eine plötzliche, massenhafte Abhebung, die das Finanzsystem erschüttern würde. Aus Sicht der Banken und Regierungen gilt es, ein solches Szenario möglichst zu verhindern.

Wir balancieren täglich mit der Annahme, unser Geld sei sicher. Diese Annahme zeigt, wie stark wir unserem Bankensystem vertrauen, ohne seine Funktionsweise zu hinterfragen. Wir haben das System schon zu sehr verinnerlicht.

In Deutschland, Österreich und der Schweiz besteht eine Sicherheitsvorkehrung für Bankkunden. Die Einlagensicherung deckt Beträge bis zu 100.000 Euro oder Franken ab, was ein Sicherheitsnetz für Ersparnisse darstellt. Übersteigt das Guthaben diese Summe jedoch, könnte der Überschuss im Falle einer Bankenpleite verloren gehen.

Um die Situation zu verdeutlichen: Wenn du auf deinem Bankkonto über die letzten Jahre oder Jahrzehnte 250.000 Euro angespart hast und die Bank zahlungsunfähig wird oder sogar Konkurs geht, verlierst du 150.000 Euro. Niemand muss dafür aufkommen. Im Falle einer Verstaatlichung wäre eine Vergütung der Differenz in der Theorie möglich. Das würde aber wiederum den Steuerzahler indirekt belasten.

Man könnte denken, dass der Verlust von Sparguthaben über 100.000 Euro nur Reiche angeht. Doch auch der kleine Sparer könnte betroffen sein, falls seine Ersparnisse diese Summe überschreiten – wie beim „Banken-Haarschnitt" in Zypern 2013. Ein solches Szenario ist selten, aber möglich. Obwohl der durchschnittliche Sparer oft weniger als 100.000 Euro auf einem Konto hat, ist es klug, die Vermögenswerte zu diversifizieren und nicht alles Geld bei einer

Bank zu lagern. Dies gilt besonders in turbulenten Wirtschaftszeiten, wo selbst scheinbar stabile Finanzinstitute ins Straucheln geraten können.

Bitcoin bietet einen großartigen alternativen Ansatz, der unabhängig von Banken und herkömmlichen Sicherungssystemen funktioniert. Es eröffnet zudem eine Welt der Möglichkeiten für über eine Milliarde Menschen, die keinen Zugang zu traditionellen Bankdienstleistungen haben. Dies ist ein entscheidender Vorteil in Regionen, in denen das Bankensystem entweder unzugänglich oder unzuverlässig ist. In solchen Fällen bietet Bitcoin nicht nur eine Alternative, sondern oft die einzige Möglichkeit, am globalen Wirtschaftsleben teilzunehmen.

Für Auslandsüberweisungen, bei denen Einwanderer Geld in ihre Heimatländer schicken, erweist sich Bitcoin als effizient und kostengünstig, besonders im Vergleich zu den hohen Gebühren traditioneller Banken. Durch Bitcoin entfällt der Bedarf an Währungswechsel, da er unabhängig vom Land oder der Währung gleich viel wert ist. In einer Welt, in der das Privileg eines Bankkontos nicht selbstverständlich ist, bietet Bitcoin eine demokratische und zugängliche Finanzlösung.

Mit Bitcoin bist du deine eigene Bank.

Mit Bitcoin bist du der Verwalter deines eigenen Vermögens. Diese Verantwortung mag anfänglich kompliziert erscheinen, ist jedoch mit ein wenig Übung und Wissen handhabbar. Du verwahrst deine Bitcoins in einer digitalen Wallet und tätigst Transaktionen direkt, ohne Zwischeninstanzen. Das Ergebnis ist die vollständige Kontrolle über dein eigenes Geld, meist geringere Gebühren und erhöhte Privatsphäre. Bitcoin eröffnet neue Freiheiten im Umgang mit deinem Geld.

Zensuren

Falls du schon einmal Bitcoin oder eine andere Kryptowährung kaufen wolltest, kennst du diese Herausforderung vielleicht bereits. Banken halten solche Transaktionen gern einmal zurück. Auch ich bin auf dieses Hindernis gestoßen. Gewöhnlich reicht ein Anruf, um die Banktransaktion freigeben zu lassen, doch sollten wir uns fragen, ob wir solche Einschränkungen hinnehmen wollen. Sollten wir nicht die Kontrolle über unser eigen verdientes Geld haben?

Die Bank argumentiert, dass diese Maßnahmen zur Vorbeugung von Geldwäsche und Terrorismusfinanzierung notwendig sind. Nachvollziehbar, aber oftmals fühlen sich diese Restriktionen willkürlich an. Weshalb sollten wir nicht frei entscheiden können, ob wir unser Geld für Kryptowährungen im Ausland ausgeben? Falls man versucht, Bitcoin über eine ausländische Börse zu kaufen, kann die Bank die Transaktion ohne Vorwarnung blockieren. Selbst wenn alle verlangten Informationen korrekt eingetragen wurden, bleibt die Überweisung unter Umständen hängen, besonders wenn der Empfänger auf einer Schwarzen Liste steht. Ohne die manuelle Freigabe eines Bankmitarbeiters wird kein Geld transferiert.

Gedankenspiel: Denken wir an die bevorstehenden Zentralbank-Digitalwährungen, die CBDCs. Sie haben das Potenzial, unser Kaufverhalten nicht nur zu überwachen, sondern vielmehr auch zu kontrollieren. Stell dir eine Zukunft vor, in der deine finanziellen Entscheidungen nicht mehr nur dir gehören, sondern von Algorithmen und staatlichen Richtlinien diktiert werden. Diese beunruhigende Vorstellung geht weit über das hinaus, was wir unter finanzieller Freiheit verstehen. Eine dystopische Vorstellung, aber China macht es mit ihrem Social-Scoring-System bereits vor.

In gewissen Ländern, z. B. Indien, Griechenland, Argentinien oder Ägypten, ist oder war sogar festgelegt, wie viel Geld man monatlich vom eigenen Konto abheben durfte. Die wirklichen Probleme der Menschen bestehen dabei darin, dass sie nicht frei über ihr eigenes Geld verfügen können. Nicht der Kauf von Bitcoin ist das Hauptproblem, sondern die fehlende finanzielle Selbstbestimmung. Bitcoin könnte hier eine Lösung bieten. Er repräsentiert das Potenzial

Bitcoin ist zensurresistent.

Bitcoin ist zensurresistent, da keine dritte Einzelperson oder Organisation die Kontrolle darüber hat, wer Bitcoin sendet oder empfängt. Im Gegensatz zu traditionellen Banken kann niemand eine Bitcoin-Transaktion blockieren oder rückgängig machen. Die Bitcoin-Blockchain ist eine dezentrale Kontenbuchführung, welche von Tausenden Computern weltweit gepflegt wird. Dies macht es zu einem freien und offenen System, in dem das Vermögen der Nutzer nicht von einzelnen Institutionen abhängig ist.

für finanzielle Autonomie in einer Welt voller Beschränkungen. Oft verwenden Bitcoin-Befürworter den Satz **„Bitcoin ist Freiheit"**.

In unserer traditionellen Finanzwelt wirkt dies vielleicht unmöglich, aber es ist wahr. Bei Bitcoin gibt es keine Dritten, die Einfluss nehmen können. Du allein entscheidest, ob, wann und wie eine Transaktion stattfinden soll. Es gibt noch einen weiteren Vorteil gegenüber Banken: Bitcoin führt Transaktionen rund um die Uhr aus, nicht nur während der Geschäftszeit.

Das Bitcoin-Netzwerk kennt keine Geschäftszeiten.

Das Bitcoin-Netzwerk schläft nie. Im Gegensatz zu Banken, die an Öffnungszeiten gebunden sind, operiert Bitcoin rund um die Uhr. Das bedeutet, dass du jederzeit Bitcoin senden oder empfangen kannst – egal ob am Sonntagabend oder an einem Feiertag. Es gibt keine Wartungsarbeiten, keine Schließtage und keine Verzögerungen durch Feiertage. Bitcoin ist immer bereit, genau wie das Internet. Deine finanzielle Aktivität ist nicht mehr durch die Zeitpläne traditioneller Finanzinstitute eingeschränkt, sondern folgt deinem eigenen Zeitplan.

Das Scheitern von Banken im Genesis-Block

Um Objektivität zu gewährleisten, möchte ich an der Stelle betonen, dass nicht alle Aktivitäten von Banken an sich schlecht und zu verurteilen sind. Es wird zahlreiche Beispiele geben, wo Unternehmen oder auch Einzelpersonen durch notwendige Kredite ihre Existenz sichern oder weiter ausbauen konnten. Nichtsdestotrotz gibt es offensichtlich Raum für Alternativen. Wäre dies nicht der Fall, würde Bitcoin nicht in der heutigen Form existieren.

Bitcoin entstand als Reaktion auf die Finanzkrise, die 2008 ihren Höhepunkt erreichte, bei der Banken eine zentrale Verantwortung zugeschrieben bekamen. Die Geschichte zeigt, dass Banken des Öfteren zu Enttäuschungen bei den Bürgerinnen und Bürgern geführt haben. Einige Beispiele hierzu sind:

1. **Die Spar- und Kreditkrisen in den USA der 1980er und 1990er Jahre:** Das Scheitern vieler Spar- und Kreditgenossenschaften in den USA war auf riskante Kreditvergabepraktiken und Missmanagement zurückzuführen. Dies führte zu erheblichen wirtschaftlichen Turbulenzen und den sogenannten Bailouts, also Rettungsaktionen mithilfe von finanziellen Mitteln des Staates.
2. **Die Finanzkrise von 2007 bis 2008:** Große internationale Banken waren stark in riskante Hypothekengeschäfte und komplexe Finanzprodukte verwickelt, die zur Krise beitrugen. Der Zusammenbruch von Lehman Brothers und Probleme bei anderen Banken führten zu einem Kollaps des globalen Finanzsystems.[1]
3. **Die Eurokrise ab 2009:** Die Instabilität in der Eurozone war nicht nur eine Folge der Probleme im Bankensektor einzelner Länder, sondern auch der einheitlichen Finanzpolitik der Europäischen Zentralbank (EZB), einer Währungsunion, in der jedes Land wirtschaftlich anders agiert. Die Banken in Griechenland, Irland, Spanien, Italien, Portugal und Zypern hatten unter anderem mit einem Berg fauler Kredite zu kämpfen, was staatliche Rettungsaktionen notwendig machte.

---

1 Zu dieser Thematik empfehle ich den Spielfilm *The Big Short* aus dem Jahr 2015.

Satoshi Nakamoto, der mysteriöse Erfinder[2] von Bitcoin, hinterließ am 3. Januar 2009 eine wichtige Botschaft im allerersten Bitcoin-Block, dem Genesis-Block[3]. In ihm verankerte er eine Schlagzeile, die den wirtschaftlichen Aufruhr der Zeit widerspiegelt. Die eingebettete Nachricht kritisierte die Instabilität des Bankensystems und markiert den Beginn einer neuen Ära der finanziellen Selbstbestimmung, die durch Bitcoin ermöglicht wird.

> *The Times 03/Jan/2009 Chancellor on brink of second bailout for banks*

Abbildung 2 Bitcoin-Block Nr. 1, Raw-Hex-Version

Dieser Satz bezieht sich auf die Finanzkrise von 2007 bis 2008. Der damalige britische Schatzkanzler Alistair Darling stand kurz davor, eine zweite Rettungsaktion für Banken anzukündigen. Diese zweite Rettungsaktion war Teil der Bemühungen der Regierung, das Finanzsystem zu stabilisieren und einen Zusammenbruch des Bankensektors zu verhindern. Es war eine Reaktion auf die schwerwiegenden

2 Niemand weiß, ob es sich bei Satoshi Nakamoto um eine Einzelperson oder eine Gruppe handelt.

3 Der Genesis-Block ist der Startblock der Bitcoin-Blockchain, das Fundament, auf dem alle weiteren Blöcke aufbauen.

Probleme, die die Krise auslöste, und die ersten Maßnahmen zur Rettung von Banken, die zuvor ergriffen worden waren.

Banken rechtfertigen ihre Rolle im Finanzsystem teilweise dadurch, dass sie Dienstleistungen und Stabilität bieten. Doch ihre Fehler haben Menschen dazu gebracht, nach Alternativen zu suchen. Genau aus diesem Misstrauen gegenüber traditionellen Banken, die oft kritisiert wurden, weil sie ihre Kunden und die Wirtschaft im Stich gelassen haben, entstand Bitcoin. Bitcoin bietet eine Antwort auf das Bedürfnis nach einem zuverlässigeren, transparenteren Finanzsystem. Es zeigt nicht den Erfolg der Banken, sondern ihre Schwächen, denn:

Bitcoin braucht keine Rettungsaktionen.

Bitcoin ist selbsttragend, ohne staatliche Rettungsnetze.
Ein Netzwerk, das stetig wächst und robust läuft, trotzt Finanzkrisen ohne äußere Hilfe.

GELD & ZENTRALBANKEN

Jedes Kapitel dieses Buches empfinde ich als wichtig. Aber dieses zählt zu meinen Favoriten. Man kann die Notwendigkeit und Daseinsberechtigung von Bitcoin nicht wirklich verstehen, ohne über das Wesen von Geld nachgedacht zu haben. Geld ist allgegenwärtig und doch verstehen es nur wenige. Es wäre fahrlässig, zu behaupten, dass du nach diesem Buch die Idee und Umsetzung von Geld in seiner vollen Tiefe verstehst, aber ich werde mein Bestes geben und dich dabei unterstützen.

> ❞ *It is well enough that people of the nation do not understand our banking and monetary system, for if they did, I believe there would be a revolution before tomorrow morning.* ❝

> ❞ *Es ist gut, dass die Menschen der Nation unser Banken- und Geldsystem nicht verstehen, denn wenn sie es täten, würde es meiner Meinung nach eine Revolution geben, noch bevor der Morgen anbricht.* ❝

– Henry Ford[4]

4 Es ist bis heute umstritten, ob Henry Ford dies wirklich so gesagt hat. Jedoch wird ihm dieses Zitat des Öfteren zugeschrieben.

Was ist Geld und warum existiert es?

Vielleicht hast du schon einmal diese überspitzte Aussage gehört: „Wenn Geld für die meisten Probleme dieser Welt verantwortlich ist, dann sollte man es einfach abschaffen." Ich zumindest habe diese Aussage auf meiner Reise schon einige Male gehört. Ich kann dir garantieren, dass diese Aussage meist von schlecht informierten Personen ausgeht, die sich keine tiefgründigen Gedanken zu der Thematik gemacht haben. Wir brauchen Geld und darüber lässt sich auch nicht debattieren. Worüber sich aber debattieren lässt, ist die Form und Qualität des Geldes. Warum wir Geld brauchen und warum es für unser Vorankommen als Menschheit essenziell ist, möchte ich dir an einem einfachen Beispiel erklären.

Gehen wir von einer abgelegenen Insel aus, auf der du und ich gestrandet sind. Schnell merken wir, dass unsere Ressourcen begrenzt sind und wir uns irgendwie möglichst schnell organisieren müssen. Am Anfang unseres Aufenthalts auf dieser Insel entscheiden wir uns beide dafür, unser eigenes Ding durchzuziehen. Wir beide müssen sofort Trinkwasser und Nahrung organisieren. Für das Trinkwasser wählen wir je eine unterschiedliche Strategie. Du entscheidest dich für das Auffangen von Regenwasser und ich versuche, mithilfe von Sand in Form einer primitiven Filteranlage Meerwasser zu filtern. Wir sind beide nur mäßig erfolgreich, da dies nicht unser Fachgebiet ist. Zur Nahrungsbeschaffung wählen wir ebenfalls unterschiedliche Strategien. Du entscheidest dich für das Jagen von wilden Tieren, während ich versuche, Beeren und Früchte zu sammeln. Auch dies ist nur von mäßigem Erfolg gekrönt.

Nach einiger Zeit haben wir uns mit der Situation abgefunden und sind beide in der Lage, pro Tag je fünf Einheiten Wasser und fünf Einheiten Nahrung zu produzieren. Das bedeutet, zusammen produzieren wir täglich zehn Einheiten Wasser und zehn Einheiten Nahrung.

Jedoch merken wir beide schnell, dass wir durch Arbeitsteilung unsere Produktivität steigern könnten. Wir beschließen, uns zu spezialisieren und durch unsere Zusammenarbeit vom anderen zu profitieren.

Offensichtlich bist du talentierter in der Beschaffung von Trinkwasser, während ich mich effizienter um Nahrung kümmere. Die Zeit vergeht und wir werden beide Experten in unserem Fachgebiet. Durch unsere ausgeklügelte Arbeitsteilung kann ich nun pro Tag zwölf Einheiten Nahrung und du zwölf Einheiten Wasser beschaffen. Wie du vielleicht bemerkt hast, ist unsere tägliche Ausbeute nun um zwanzig Prozent gestiegen. Statt eines Totals von zehn Einheiten Trinkwasser und zehn Nahrungseinheiten sind wir bei je zwölf Einheiten pro Tag angekommen. Ein voller Erfolg. In diesem Beispiel ergibt sich der Wechselkurs von selbst.[5] Du bist an meiner Nahrung und ich an deinem Trinkwasser interessiert. Da wir auch in etwa denselben Arbeitsaufwand haben, ergibt sich ein Wechselkurs von eins zu eins: eine Einheit Trinkwasser gegen eine Einheit Nahrung.

In der Realität gestaltet sich dies jedoch um einiges komplexer. Gehen wir davon aus, wir hätten nun eine dritte Person auf der Insel. Diese Person hat sich in der Zeit, in der wir uns um die Grundbedürfnisse gekümmert haben, auf das Bauen von kleinen Hütten spezialisiert. Da wir beide keine Hüttenbauer sind, sondern unsere Zeit anderweitig nutzen, wollen wir nun unsere Güter gegen eine Hütte eintauschen. Genau an dieser Stelle stoßen wir auf eine Problematik. Wir brauchen ein Medium, in dem wir unsere geleistete Arbeit und aufgewendete Zeit zwischenspeichern können. Auch wenn wir mehrere Tage unserer Tätigkeit der Nahrungs- und Trinkwasserbeschaffung nachgehen, wird dies nicht ausreichen, um es für eine Hütte einzutauschen. Das wäre kein fairer Deal und der Hüttenbauer wäre an einem solchen Tausch nicht interessiert. Außerdem stoßen wir auf die Problematik, dass unsere Güter schnell schlecht werden, besonders die Nahrung. Der Hüttenbauer hat kein Interesse an 1.000 Einheiten Nahrung in Form von verfaulten Beeren und Früchten, noch wird er 1.000 Einheiten verdorbenes Wasser als wertvoll genug einstufen, um es für eine seiner gebauten Hütten einzutauschen. Wir brauchen einen Zwischenspeicher – Geld!

---

5 Grundsätzlich würde der Wechselkurs durch Angebot und Nachfrage festgelegt, was wir in diesem primitiven Beispiel erst einmal vernachlässigen.

Grundsätzlich spielt es keine Rolle, für was für eine Art von Geld wir uns entscheiden. In der Geschichte der Menschheit gab es diverse Ausführungen davon, z. B. Steine, Glas, Bohnen, Muscheln, Edelmetalle und viele mehr. Interessanterweise sind Gelder, welche leicht herzustellen und somit stark inflationär wurden, schneller wieder verschwunden als sogenannte harte Gelder wie Edelmetalle. Für uns Inselbewohner ist wichtig, dass wir alle das gewählte Geld akzeptieren sowie anerkennen müssen, um seine Funktion zu gewährleisten.

In unserem Beispiel kann der Hüttenbauer sein Geld – vorausgesetzt, es ist teilbar – jeden Tag bei uns in wenige Einheiten Trinkwasser und Nahrung eintauschen. Nach einer gewissen Zeit haben wir beide genügend Geld angespart und können uns eine seiner Hütten leisten, ohne unsere Haupttätigkeit, auf welche wir uns spezialisiert haben, zu vernachlässigen. Win-win-Situation für alle.

Obwohl diese Situation stark vereinfacht dargestellt ist, sind wir uns an dieser Stelle sicherlich einig: ohne Geld geht es nicht. Wir brauchen einen Wertspeicher, in dem wir unsere geleistete Arbeit und aufgewendete Zeit zwischenspeichern. So können wir diese später gemäß unseren Bedürfnissen wieder freisetzen und eintauschen.

Oft wird Geld mit Währung gleichgestellt, was nicht ganz korrekt ist. Geld ist ein allgemeiner Begriff, welcher jedes Mittel bezeichnet, das in einer Wirtschaft zum Kauf von Waren und Dienstleistungen oder als Wertspeicher verwendet werden kann. Währungen beziehen sich jedoch spezifischer auf das Geldsystem einer bestimmten Region oder eines Landes. Es ist eine spezielle Form des Geldes, welches in der Wirtschaft akzeptiert wird. Beispiele sind der Euro (€) oder der Dollar ($). Geld ist also der Oberbegriff von Währung. Ein gutes Beispiel für ein Geld, das zurzeit keine Währung ist, ist Gold oder mittlerweile auch Bitcoin (₿). Gold hat dem Menschen in der Vergangenheit bereits als Währung gedient und Bitcoin hat das Potenzial, in Zukunft als Währung eingesetzt zu werden.

Welche Eigenschaften muss Geld haben?

Obwohl sich Wirtschaftsexperten bei diversen Themen oft uneinig sind, findet sich beim Geld ein allgemeiner Konsens. In jedem fachspezifischen Buch oder Artikel werden immer wieder die drei grundlegenden Eigenschaften von Geld beschrieben. Diese Eigenschaften muss ein Geld haben, um erfolgreich als Währung dienen zu können. In diesem Abschnitt werden wir uns anschauen, ob und wie Bitcoin in diese etablierte Struktur passt. Lass uns diese grundlegenden Funktionen von Geld – als Wertspeicherung, Tauschmittel und Recheneinheit – genauer beleuchten.

Wertspeicher

Geld soll unsere Kaufkraft über die Zeit speichern können. Im Gegensatz zu vielen Gütern, welche verderben, behält Geld im Idealfall seinen Wert, sodass wir es zu einem späteren Zeitpunkt wieder einlösen können. Im Idealfall ist Geld auch unzerstörbar, was zur Garantie beiträgt, es später wieder einzusetzen, sobald dies gewollt ist. Um es einfacher auszudrücken: Mit Geld muss man Kaufkraft sparen können.

Gold ist ein ideales Beispiel für einen guten Wertspeicher und gilt deshalb bei Investoren immer noch als sicherer Hafen. Trotz der teils starken Volatilität auf dem Devisenmarkt hält sich Gold über Jahrhunderte, ja sogar Jahrtausende stabil, wenn man die Kaufkraft misst. Man kann sich heute mit der gleichen Menge Gold im Verhältnis betrachtet ungefähr die gleichen Güter leisten wie vor Hunderten von Jahren. Als Beispiel: Konnte man sich damals für ca. 10 kg Gold ein Haus kaufen, so könnte man das heute ebenfalls noch. Es ist faszinierend, wie gut sich Gold als Wertspeicher über eine solch lange Zeit behauptet. Die natürliche Begrenztheit und der Aufwand, Gold zu bergen und zu formen, machen es zu einem harten Geld. Dazu später mehr.

An diesem Punkt stellt sich eine interessante und essenzielle Frage, nämlich wie wir Kaufkraft überhaupt messen. Wir können argumentieren, dass wir jede Währung, jeden Rohstoff und jedes Gut in US-Dollar messen, da dieser die Weltreservewährung darstellt. Aber was ist, wenn sich dieser Maßstab im Laufe der Zeit zusammenstaucht, sprich, sich die Geldmenge erhöht?

Auf eine der interessantesten Methoden, Kaufkraft zu messen, bin ich erst kürzlich gestoßen. Der Gründer und Ex-CEO der Krypto-Derivat-Börse BitMex Arthur Hayes hat im Jahr 2023 in einem Interview preisgegeben, dass er selbst seine Kaufkraft in Öl misst. Das heißt, er plant seine Investitionen so, dass er in der Theorie möglichst viele Fässer Öl kaufen könnte. Natürlich kauft er diese Fässer nicht, sondern nimmt diese lediglich als Maßstab her. Die Argumentation dafür ist ziemlich einleuchtend, denn Öl ist der Motor unserer Wirtschaft und ohne Öl geht heute nichts. Öl ist Energieträger und Energie führt richtig eingesetzt zu Wohlstand. Ich finde diesen Ansatz sehr spannend, jedoch würde es unser weiteres Vorgehen, um Bitcoin zu verstehen, unnötig kompliziert machen. Daher bleiben wir bei der Weltreservewährung als Maßstab, dem US-Dollar.

Abbildung 3 Bitcoin-Preis, logarithmische Darstellung, Stand 03.2024

Beim Betrachten der Bitcoin-Preisentwicklung gegenüber dem US-Dollar erkennen wir trotz starker Volatilität einen deutlichen Trend. Zudem ist eine stetige Verringerung dieser Schwankungen im Lauf der Zeit zu beobachten.

Bitcoin kann Kaufkraft in die Zukunft transportieren.

Aufgrund seiner absoluten Begrenztheit und des enormen Aufwandes, Bitcoin herzustellen, ist es ein hartes Geld. Hartes Geld, wie auch Gold, hat die Eigenschaft, Kaufkraft in die Zukunft transportieren zu können.

An dieser Stelle sollten wir aufpassen und keine voreiligen Schlüsse ziehen. Das Bitcoin-Netzwerk existiert – auf die Geschichte der Menschheit betrachtet – erst seit Kurzem. Obwohl der Start des Netzwerks im Januar 2009 schon über eine Dekade her ist, hat eine signifikante Preisfindung erst ein paar Jahre danach stattgefunden, als die ersten Enthusiasten Bitcoin auch wirklich gehandelt haben und ein Markt entstanden ist. Nichtsdestotrotz können wir auf einen sehr erfolgreichen und vielversprechenden Start von Bitcoin blicken, wenn es darum geht, Kaufkraft in die Zukunft zu transportieren. Seit der Entstehung hat Bitcoin diesen Punkt erfüllt.

Tauschmittel

Geld muss als Tauschmittel, auch Tauschmedium genannt, genutzt werden können. Wie wir an unserem Beispiel auf der Insel vorhin gesehen haben, können sich gewisse Güter (Trinkwasser, Nahrungsmittel) besser und andere (Hütten) weniger gut als Tauschmittel eignen. Natürlich sind auch Nahrungsmittel und Trinkwasser nicht wirklich geeignet, aber sicherlich besser als große und schwer zu transportierende Güter. Geld muss den direkten Tausch von Waren und Dienstleistungen ersetzen können.

Hier die wichtigsten Punkte, zu welchen wir uns Gedanken machen müssen hinsichtlich der Frage, ob Bitcoin als Tauschmittel eingesetzt werden kann:

1. **Teilbarkeit:** Dies löst Bitcoin großartig. Obwohl es nur maximal 21 Millionen Bitcoin geben wird, lässt sich jeder Bitcoin in 100 Millionen Satoshis aufteilen, die kleinste Einheit von Bitcoin. Der Wert eines Satoshis in US-Dollar gemessen beträgt also immer den Preis eines ganzen Bitcoins geteilt durch 100 Millionen.
2. **Beständigkeit:** Durch die digitale Eigenschaft lässt sich Bitcoin nicht zerstören und ist bis in die Ewigkeit leicht aufzubewahren. Vorausgesetzt, Elektrizität und Online-Kommunikation bleiben uns erhalten.[6]
3. **Transportierbarkeit:** Auch hier ist Bitcoin klar im Vorteil gegenüber anderen Tauschmitteln. Während sich der Transport von physischem Geld wie Gold oder Bargeld sehr kompliziert und aufwendig gestaltet, kann Bitcoin ohne Weiteres seinen Besitzer per Knopfdruck wechseln.
4. **Fälschungssicherheit:** Bestimmt hast du auch schon von gefälschten Banknoten oder sogar gefälschtem Gold gehört. Bei Bitcoin unmöglich. Bitcoin ist zu 100 % fälschungssicher.
5. **Homogenität:** Der Begriff der Homogenität oder auch Fungibilität bedeutet, dass jede Einheit eines guten Geldes gleich und somit austauschbar sein sollte. Jeder Bitcoin ist gleich, genauso wie jeder Satoshi (sat) gleich und austauschbar ist.[7]

---

6 Wäre dies nicht der Fall, hätten wir weitaus gravierendere Probleme als einen temporären Ausfall von Bitcoin.

7 Für Fortgeschrittene: Dieser Punkt könnte debattiert werden. Stichworte: Colored Bitcoins und Ordinals.

6. **Allgemeine Akzeptanz:** So weit sind wir bei Bitcoin noch nicht. Es gibt zwar bereits über 50 Millionen Bitcoin-Adressen (Quelle: glassnode.com, Stand: März 2024), welche mehr als 0 Bitcoin aufweisen, jedoch wird die Anzahl an Bitcoin-Nutzern weitaus kleiner sein. Es gibt im Internet bereits Online-Shops, in denen man mit Bitcoin und anderen Kryptowährungen bezahlen kann, jedoch sind diese bis heute immer noch Ausnahmen. Es werden aber immer mehr. Natürlich hat dies auch mit der Volatilität von Bitcoin zu tun, worauf wir unter dem Punkt „Recheneinheit" nochmals zu sprechen kommen.

Bewusst möchte ich im ersten Teil des Buches noch nicht zu stark auf die technischen Details von Bitcoin eingehen; dafür ist der zweite Teil gedacht. Jedoch möchte ich an der Stelle einen wichtigen Punkt ansprechen bezüglich der Transportierbarkeit. Bitcoin-Kritiker, welche sich nicht tiefgründig genug mit der Materie befasst haben, gehen oft auf die hohen Transaktionskosten im Bitcoin-Netzwerk ein. Dies ist ein valider Punkt. Je mehr Menschen Bitcoin nutzen, desto teurer werden die Transaktionen. Warum? Stell dir vor, du bist in einer überfüllten Schlange. Du könntest deine Position in der Schlange durch eine Auktion verbessern. Wenn viele Leute gleichzeitig bezahlen möchten, zahlst du vielleicht mehr, um schneller bedient zu werden. Ähnlich ist es bei Bitcoin: Wenn viele Netzwerkteilnehmer zur gleichen Zeit Transaktionen durchführen wollen, steigen die Kosten, um die Transaktionen schneller zu verarbeiten.

Es gibt Lösungen, die als „Second-Layer-Solutions" dienen, um das Bitcoin-Netzwerk zu entlasten. Diese Lösungen versuchen, die Transaktionsverarbeitungseffizienz zu erhöhen und die Gebühren zu reduzieren. Ein Beispiel ist das Lightning Network, das es ermöglicht, Transaktionen außerhalb der Hauptblockchain durchzuführen und erst später auf die Hauptkette zu übertragen. Allerdings ist es wichtig zu beachten, dass diese Second-Layer-Lösungen bisher noch nicht weit verbreitet sind und sich in der Entwicklungsphase befinden. Durch Verbesserungen der Software auf dem Hauptlayer von Bitcoin soll die Skalierung ebenfalls verbessert werden.

Ein Beispiel hierfür ist Segregated Witness (SegWit), eine Änderung im Bitcoin-Protokoll, die die Effizienz von Transaktionen verbessert, indem sie die Blockkapazität optimiert. Die Entwicklung von Lösungen auf der ersten und zweiten Ebene ist ein kontinuierlicher Prozess. Es bleibt spannend zu beobachten, wie sich diese Technologien in der Zukunft weiterentwickeln werden, um die Herausforderungen im Zusammenhang mit Transaktionskosten und Skalierbarkeit bei Bitcoin anzugehen. Außerdem tragen die Transaktionskosten dazu bei, das Bitcoin-Netzwerk zu schützen, indem sie unerwünschte Nutzung und Spam verhindern, wodurch Überlastungen und Beeinträchtigungen der Blockchain vermieden werden.

Insgesamt können wir feststellen, dass Bitcoin bereits alle genannten Punkte entweder erfüllt oder sich in die richtige Richtung bewegt. Bitcoin kann Transaktionen sicher speichern und bleibt beständig. Es wird permanent an innovativen Lösungen gearbeitet, um das Netzwerk zu verbessern.

Bitcoin kann als Tauschmittel eingesetzt werden.

Bitcoin ist ein digitaler Ersatz für Bargeld. Bitcoin kann für Online-Zahlungen und sämtliche andere Transaktionen verwendet werden.

Recheneinheit

In einem nützlichen Geld muss gerechnet werden können. Es muss als Maßstab für Güter und Dienstleistungen eingesetzt werden können. So weit ist Bitcoin noch nicht. Die hohe Volatilität von Bitcoin lässt dies aktuell nicht zu.

Stellen wir uns vor, der Handwerker aus unserem vorherigen Beispiel entscheidet sich dazu, Bitcoin-Zahlungen für seine Kunden anzubieten. Er schaut sich den aktuellen Bitcoin-Preis an, welcher zum Zeitpunkt der Entstehung dieses Satzes bei ca. 38.597 US-Dollar liegt. Seinen teuersten Tisch bietet er für 0,1 Bitcoin an. Er möchte die eingenommenen Bitcoins vorerst behalten. Am Ende des Monats stellt er fest, dass er noch zahlreiche offene Lieferantenrechnungen zu begleichen hat, welche alle in US-Dollar bezahlt werden müssen, da seine Lieferanten Bitcoin noch nicht als Zahlungsmittel akzeptieren. Leider hat der Wechselkurs Bitcoin/US-Dollar bis dahin aber um 10 % abgebaut. Da der Handwerker seinen Forderungen nachkommen muss, ist er gezwungen, seine eingenommenen Bitcoins mit Verlust zu verkaufen. Für ihn lohnt es sich demnach nicht, Bitcoin-Zahlungen für seine Tische anzubieten. Dieser Zahlungsfluss würde für den Handwerker und alle Beteiligten erst funktionieren, wenn der Bitcoin-Preis in US-Dollar relativ stabil bleibt oder alle Beteiligten nur noch Bitcoin als Maßstab ansehen.

Kritiker würden an dieser Stelle argumentieren, dass dies der Beweis dafür ist, dass Bitcoin nicht als Zahlungsmittel funktionieren kann. Ohne eine dritte Instanz wie der Zentralbank, welche für Währungsstabilität sorgt, ist das Einführen einer neuen Währung nicht möglich. Diese Aussage ist aber kurzsichtig. Eine besondere Eigenheit von Bitcoin ist nämlich, dass jener von null gewachsen ist zu dem, was er heute ist. Genau wie Gold.

Die Marktkapitalisierung von Bitcoin, also die Gesamtzahl aller verfügbaren Bitcoins multipliziert mit ihrem jeweiligen Preis, war einmal bei null US-Dollar. Heute notiert sie bereits bei über 1.000 Milliarden US-Dollar (Stand März 2024). Als kleine Anmerkung: Mit diesem Gesamtmarktwert rangiert Bitcoin bereits vor dem riesigen Firmenkomplex Meta (ehemals Facebook) und zählt zu den Top 10 (Stand März 2024)[8], mit der klaren Tendenz, dort nicht nur zu verbleiben, sondern auch weiter zu steigen. Durch die steigende

8 Top Assets by Market Cap, https://companiesmarketcap.com/assets-by-market-cap/.

Marktkapitalisierung verringert sich die Volatilität, was durchaus Sinn ergibt. Je mehr Kapital Bitcoin anzieht, also je höher seine Marktkapitalisierung wird, desto weniger wird der Preis durch Kapitalzuflüsse oder -abflüsse beeinflusst.[9] Dieses Phänomen verdeutlicht auch die nachfolgende Bitcoin-Preisgrafik.

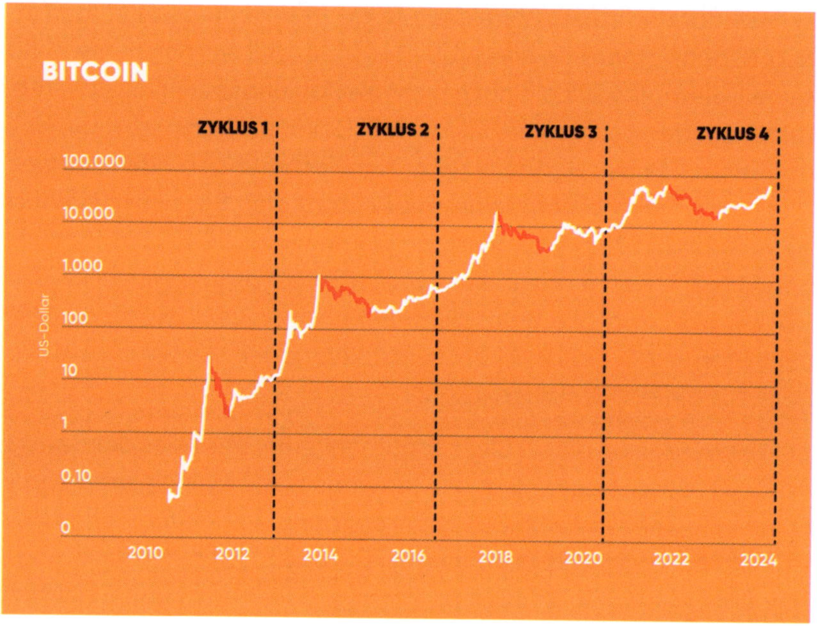

Abbildung 4 Bitcoin-Preis, logarithmische Darstellung inkl. Zyklen, Stand 03.2024

Je mehr Preishistorie wir von Bitcoin kennen, desto klarer wird es, dass sich diese Theorie bestätigt.

Zyklus 1: Preishoch 32 USD, Preistief 2 USD
→ **Rückgang ca. 94 %**

Zyklus 2: Preishoch 1.177 USD, Preistief 164 USD
→ **Rückgang ca. 86 %**

---

9 Kapitalzuflüsse werden durch die kürzlich eingeführten Bitcoin-Spot-ETFs unterstützt.

Zyklus 3: Preishoch 19.765 USD, Preistief 3.148 USD
→ **Rückgang ca. 84 %**

Zyklus 4: Preishoch 68.945 USD, Preistief 15.495 USD
→ **Rückgang ca. 78 %**

Die Volatilität von Bitcoin schwindet über die Jahre von Zyklus zu Zyklus. Zu der Herkunft dieser sich wiederholenden Zyklen gibt es mehrere Theorien, auf welche wir im dritten Teil des Buches genauer eingehen werden.

Wir sind zwar, gemäß diesem Trend, noch lange nicht an einem Punkt, an dem man von geringen Schwankungen sprechen kann, jedoch könnte sich dieser Prozess mit der fortschreitenden Institutionalisierung von Bitcoin beschleunigen. Durch vollständige regulatorische Klarheit, besonders in den Vereinigten Staaten, wird es für große Investoren immer einfacher, in Bitcoin zu investieren, was zu massiven Kapitalzuflüssen führen könnte. Dies würde wiederum eine entscheidende Erhöhung der Marktkapitalisierung nach sich ziehen und somit eine geringere Volatilität. Selbstverständlich ist dies nur eine Prognose anhand bereits vergangener Datenpunkte. Niemand kann die Zukunft mit einhundertprozentiger Sicherheit vorhersagen, aber wir können versuchen, möglichst realistische Annahmen zu treffen.

Schwankungen und Risiken gehören zu jeder Kapitalanlage dazu. Solange Bitcoin noch nicht am Ziel einer potenziellen Weltreservewährung angekommen ist, dürfen wir es auch als solches bezeichnen. Wenn Bitcoin von Kritikern wegen eben jenen Schwankungen belächelt wird, könnte man als Bitcoin-Befürworter genau dieselben Argumente über traditionelle Anlagen vorbringen. Hier gibt es zahlreiche Beispiele.

Die Aktie der Deutschen Bank zum Beispiel, welche immer noch als eine der größten Banken Europas gilt, verzeichnet über die Jahre eine massive und sehr unberechenbare Volatilität. Seit 2007 bis heute hat die Aktie über 90 % an Wert verloren. Von 2020 bis 2022 gab es einen Wertzuwachs von über 230 %, wobei der Kurs im darauffolgenden Jahr wieder um 57 % eingebrochen ist.

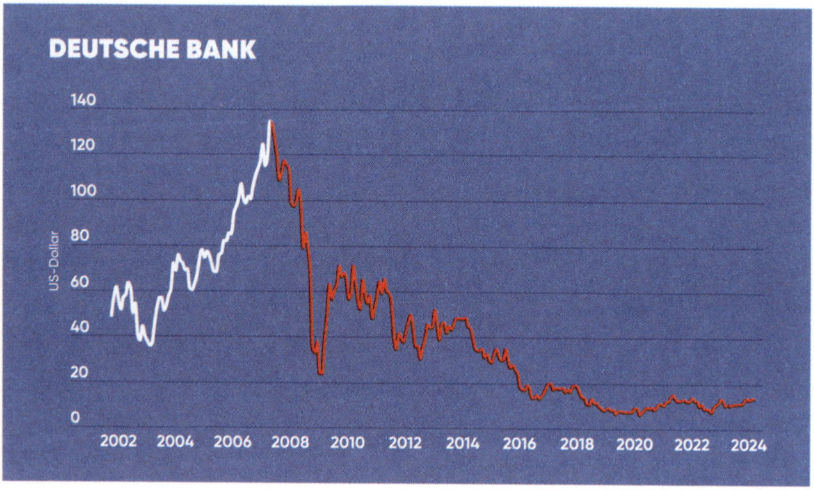

Abbildung 5 Aktienpreis der Deutschen Bank, Stand 03.2024

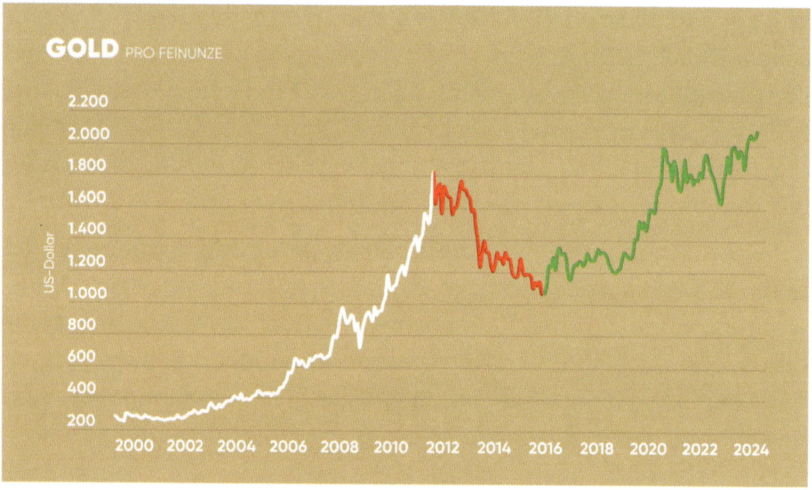

Abbildung 6 Goldpreis pro Feinunze[10], Stand 03.2024

Aber nicht nur bei Aktien finden wir diese Volatilität, sondern auch bei Rohstoffen. Ja sogar bei Gold, was von vielen Anlegern immer noch als die stabilste und vor allem krisensicherste Anlage gilt. Wenn es um die Kaufkraft geht, ist Gold über längere Zeit sehr konstant.

10 Eine Feinunze Gold entspricht ca. 31,1 Gramm.

Am US-Dollar gemessen und in einem kürzeren Zeitrahmen zeigt sich jedoch auch bei diesem Rohstoff eine starke Volatilität.

Der Wechselkurs Gold/USD hat von 2011 bis gegen Ende 2015 um ca. 45 % verloren. Hätte man sein Vermögen nach dem Aufwärtstrend im Jahr 2011 in Gold investiert, hätte man über die nächsten vier Jahre fast die Hälfte seines Guthabens verloren. Seit diesem lokalen Tiefpunkt ist Gold aber wieder über 95 % angestiegen. Auch bei einer solch etablierten Anlage, die der Mensch seit 5.000 Jahren kennt, kann also immer noch starke Volatilität auftreten.

Die Tatsache, dass Bitcoin in der breiten Masse heute noch nicht als Recheneinheit dienen kann, liegt aber nicht nur an der Volatilität, sondern auch am Wachstum. Wir stehen bei Bitcoin noch ganz am Anfang. Das mag sich vielleicht untertrieben anhören. Aber hör dich in deinem eigenen Umfeld um. Wie viele deiner Freunde und Familienmitglieder haben Bitcoin wirklich verstanden und akkumulieren ihn aktiv? Wir befinden uns immer noch in einer sehr frühen Phase von Bitcoin. Seit seiner Entstehung absorbiert Bitcoin immer mehr Kaufkraft und entwertet somit direkt die aktuelle Weltreservewahrung, den US-Dollar.

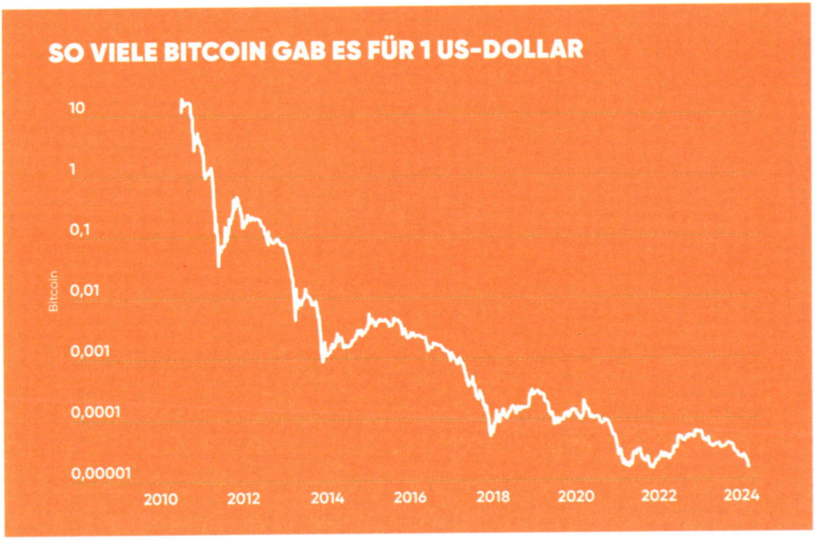

Abbildung 7 US-Dollar gepreist in Bitcoin, Stand 03.2024

Ich möchte dich zu einer Überlegung auffordern. Der Bitcoin-Preis stand einmal bei 1 Cent, dann bei 10 Cent, 1 $, 10 $, 100 $, 1.000 $, 10.000 $ und im letzten Zyklus-Hoch bei knapp 70.000 $. Was also lässt die Kritiker daran zweifeln, dass dieser Trend nicht weitergeht und Bitcoin immer mehr Kapital aufsaugt? Die Chancen stehen besser dafür, dass sich dieser Trend weiter fortsetzt, als dass hier Schluss ist. Die Nachfrage wächst. Und wie du vielleicht selbst schon gemerkt hast, wird Bitcoin für die Menschen immer dann interessant, wenn der Preis wieder anfängt zu steigen. Vielleicht bist du selbst erst auf dieses Buch aufmerksam geworden, weil der Preis gestiegen ist. Das ist die Natur der Dinge und wird sich auch nicht ändern. Die Preisentwicklung ist Bitcoins beste Werbung.

Bitcoin wird heute noch nicht als Recheneinheit verwendet. Von Zyklus zu Zyklus kommen wir dieser Eigenschaft jedoch immer näher.

Bitcoin, eine dezentrale, digitale Währung, nähert sich mit jedem Zyklus einer Recheneinheit an. Das bedeutet, dass es zunehmend als Wertmaßstab für Waren und Dienstleistungen akzeptiert wird. Marktverhalten und Regulierungen beeinflussen diese Entwicklung hin zu einer potenziellen globalen Reservewährung.

Fiat-Geld

Nachdem wir nun wissen, was ein gutes Geld alles erfüllen muss, um uns dienen zu können, werfen wir nun einen Blick auf unsere Währungen: das sogenannte Fiat-Geld. Das Wort Fiat hat seine Herkunft im Lateinischen und bedeutet „Es geschehe! Es werde!". In der

Bibel steht geschrieben: „Fiat Lux!" – „Es werde Licht!" Genau wie das Licht aus dem Nichts geschöpft wurde, wird auch unser Fiat-Geld aus dem Nichts geschaffen. Zum Fiat-Geld zählen z. B. der Euro, Schweizer Franken oder der US-Dollar. Sie alle entbehren eines: eine physische Deckung. Dies unterscheidet sich zur Ära vor 1971, als der US-Dollar unter dem Goldstandard an Gold gebunden war. Diese Bindung verhinderte eine willkürliche Ausdehnung der Geldmenge, da Gold von Natur aus begrenzt ist und seine Gewinnung Arbeit und Zeit erfordert. Doch der Goldstandard war nicht der einzige Maßstab in der Geldgeschichte, sicherlich aber einer der prägnantesten. In der Vergangenheit sind Länder zu verschiedenen Zeiten vom Goldstandard abgewichen und haben sich unter anderem an Silber oder sogar physischen Waren bedient. Diese Vielfalt an Standards spiegelt den stetigen Wandel und die Anpassung unseres Geldsystems an neue ökonomische Realitäten wider.

Es gibt zwar von der Politik immer noch gewisse Restriktionen, welche uns suggerieren sollen, dass die Situation mit unserem Fiat-Geld nicht komplett außer Kontrolle geraten ist. Die Realität aber ist eine andere. Wenn der US-Dollar immer noch mit Gold gedeckt wäre, könnte das Land nicht willkürlich mehr davon drucken, um seine Schulden zu bezahlen. Die enormen 34 Billionen US-Dollar (34.000 Milliarden!) an US-Staatsschulden zeigen, dass wir heute in einer Welt leben, in der Fiat-Geld stetig an Wert verlieren muss. Ohne die physische Deckung kann man sagen, dass die Währung auf dem Vertrauen basiert, dass die Wirtschaft wächst und die Schulden irgendwann zurückgezahlt werden können. Doch was geschieht, wenn dieses Vertrauen verloren geht? Die römische Geschichte hat uns gezeigt, dass dieser Vertrauensverlust sogar bis zu einem Zerfall eines Imperiums führen kann. Auf Kredit zu leben, in der Hoffnung auf eine rosige Zukunft, ist eine Wette, die ich persönlich nicht eingehe. Ein weiterer Grund für Bitcoin!

Die Aufhebung des Goldstandards im Jahr 1971 von Präsident Richard Nixon leitete eine gravierende Veränderung der Geldpolitik ein. Sie hatte verheerende wirtschaftliche und gesellschaftliche Folgen.

Obwohl diese Folgen auch heute noch vehement diskutiert werden und teilweise umstritten sind, gibt es auf der folgenden Webseite eine Übersicht:

www.wtfhappenedin1971.com

Hier zwei interessante Auszüge, welche die gravierenden Veränderungen seit der Aufhebung des Goldstandards untermalen.

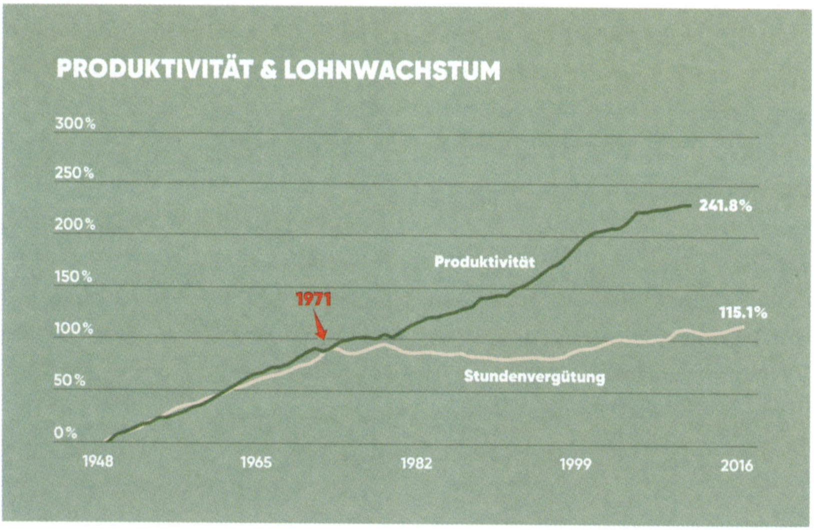

Abbildung 8 Vergleich von Produktivität zur stündlichen Entlohnung, Stand 2016

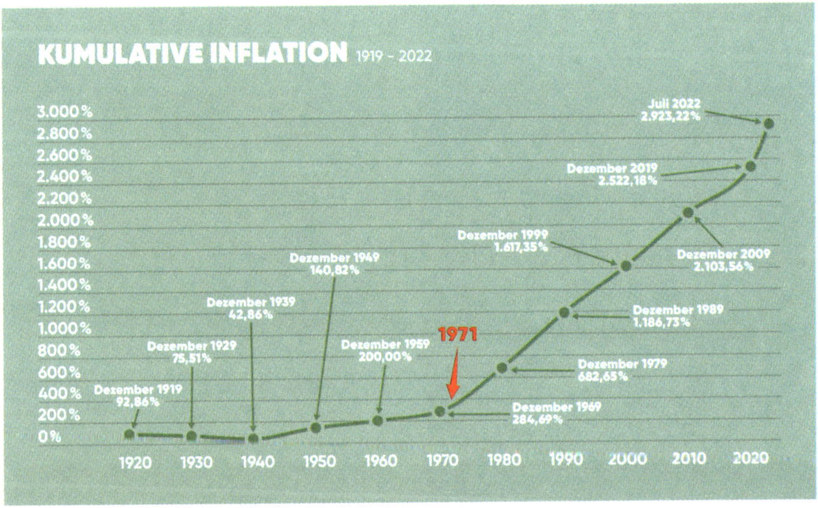

Abbildung 9 Kumulative Inflation USA, Stand 07.2022

Inflation

Inflation ist ein stetiger Prozess, der fast unbemerkt die Kaufkraft unserer Währungen aushöhlt. Aber was genau ist Inflation? Es ist ein ökonomisches Phänomen, bei dem die Preise von Gütern und Dienstleistungen ansteigen, was bedeutet, dass alles teurer wird. Dieses Thema hat mich in den letzten Jahren persönlich gefesselt, da ich den wahren Ursprung der Inflation erforschen wollte. Ich stieß dabei auf vielfältige Perspektiven, und obwohl sich führende Ökonomen nicht einig sind, erscheint mir die Hauptursache klar. Es ist die Ausweitung der Geldmenge, die nicht von einem entsprechenden Wachstum in der Wirtschaft begleitet wird.

Klar sind Angebotsschocks wie Lieferengpässe während der COVID-Pandemie auch Auslöser für Preissteigerungen, jedoch ist dies nur ein temporärer Teil des Inflationspuzzles. Die eigentliche Triebkraft hinter der langfristigen Inflation liegt tiefer. Länder wie die Türkei oder Argentinien, in denen Bitcoin in der lokalen Währung schon lange auf seinem Höchstwert gehandelt wird, demonstrieren ein dramatisches Szenario. In gewissen Fällen kann der Wert der lokalen Fiat-Währung nicht nur langsam, sondern sogar über Nacht stark schwinden. Bitcoin wird dann zum Rettungsanker für die Menschen. Es bietet den Menschen eine Absicherung, um sich gegen den Kaufkraftverlust zu schützen.

Shrinkflation und Skimpflation

Henry Ford erkannte früh, dass Wissen Macht bedeutet. Eine Macht, die ein Staat nicht gern aus den Händen gibt. Die subtile Kunst der politischen Rhetorik und Wirtschaftspolitik hält die Bürger oft im Dunkeln und vermeidet so Unruhe. Zweifellos, es wird ein Spiel der Täuschung gespielt.

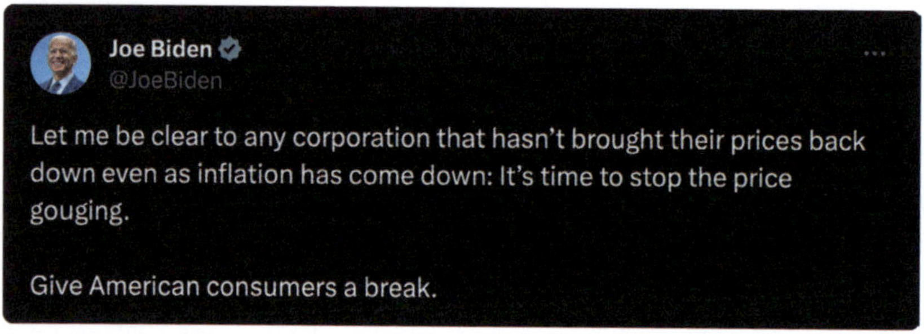

Abbildung 10 Joe Bidens X-Post (Tweet) zur Inflation, 30. November 2023

Betrachten wir einen Social-Media-Beitrag von Präsident Joe Biden, in dem er Unternehmen auffordert, die Preise zu senken, da die Inflation zurückgegangen sei. Ein solcher Aufruf könnte irreführend sein; ein Rückgang der Inflation bedeutet nicht fallende Preise, sondern einen langsameren Anstieg. Das erhoffte Sinken der Konsumgüterpreise bleibt aus. Die unaufhaltsame Inflation unserer Fiat-Währungen sorgt dafür, dass die Preise weiter steigen. Entweder wird die Inflation nicht verstanden oder es wird versucht, die Öffentlichkeit bewusst falsch zu informieren. Beides sehe ich problematisch.

Unternehmen stehen vor der schwierigen Aufgabe, die Inflation so gut es geht vor den Kunden zu verstecken, um ihre Produkte weiterhin verkaufen zu können. Dies ist eine direkte Folge unseres mangelhaften Geldsystems, das fortwährende Preissteigerungen erfordert.

Ob durch höhere Löhne oder steigende Rohstoffpreise – die Kosten klettern stetig.

Hier kommen Shrinkflation und Skimpflation ins Spiel. Shrinkflation verbirgt die Preiserhöhung durch verkleinerte Verpackungen oder reduzierten Inhalt, während der Preispunkt gleichbleibt. Skimpflation hingegen manipuliert die Qualität. Ein Produkt behält zwar seine Verpackung und sein Gewicht, aber die Zutaten werden im Stillen ausgetauscht. Teures Sonnenblumenöl weicht dem billigeren Palmfett, oft unbemerkt vom Verbraucher.

Das Vertrauen in Institutionen und Systeme, einschließlich der Zentralbanken, ist erschüttert. Eben genau diese Preissteigerungen und die Währungsabwertung zu verhindern, wären die Hauptaufgaben einer Zentralbank. Die offiziellen Aussagen haben sich gewandelt – von „niedriger Inflation" über „vorübergehend erhöhte Inflation" zu hoher Inflation als Dauerzustand.

Ausweitung der Geldmenge

Seit 1971 hat sich die Geldmenge M2 in den USA ungefähr vervierzigfacht.[11]

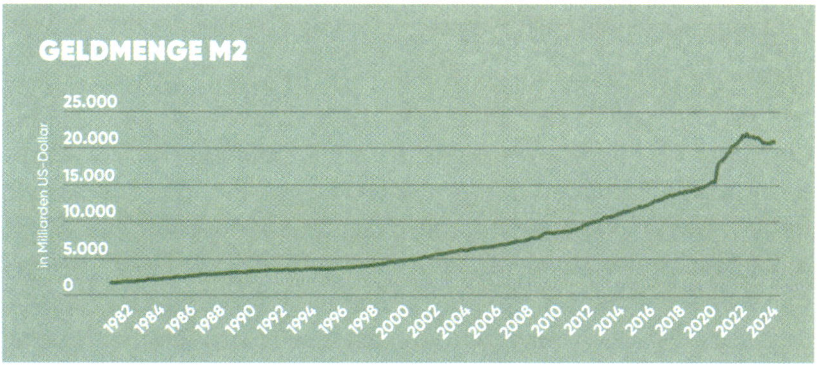

Abbildung 11 Geldmenge M2, St. Louis FED, Stand 02.2024

11 M2 (M2SL) beinhaltet in der Regel Bargeld, jederzeit verfügbare Konten, Termineinlagen und Geldmarktfonds für Privatanleger. Ab Mai 2020 wurden Spardepositen aus der Statistik entfernt.

Unter Ökonomen teilen sich die Meinungen, ob ein Fiat-Geld, bei welchem die Geldmenge unendlich ausgedehnt werden kann, langfristig gesund für eine Volkswirtschaft ist und ob die Preisinflation ihren Ursprung hier findet. Es gibt zwei Hauptansichten:

1. **Keynesianismus:** Verfechter dieser Betrachtung beharren auf der Notwendigkeit, dass Geld zentral vom Staat gesteuert wird. Sie berufen sich darauf, dass z. B. während Krisenzeiten eine Erhöhung der Geldmenge einer Volkswirtschaft zugutekommt. Diese Wirtschaftstheorie betont aber auch die Wichtigkeit, dass Staatschulden kontrolliert werden und nicht außer Kontrolle geraten. Die extreme Form des Keynesianismus, bezüglich dem Staat und seiner Hoheit über das Geld, ist die Modern Money Theory (MMT), Moderne Geldtheorie. Die Keynesianische Theorie sowie die MMT sehen den Staat als Monopolisten der Währung, wobei die MMT speziell das unbegrenzte Schaffen von Geld legitimiert.
2. **Die Österreichische Schule:** Diese Wirtschaftstheorie zieht ein Geldsystem, welches auf einem freien Marktprozess basiert, einem staatlich kontrollierten Geld vor. Sie steht der staatlichen Geldschöpfung sehr skeptisch gegenüber und betrachtet die unkontrollierte oder sogar die generelle Ausweitung der Geldmenge durch den Staat als die Hauptursache für Inflation und Wirtschaftszyklen, welche sich in Blasen und nachfolgenden Krisen äußern.

Die meisten fundamental überzeugten Bitcoiner vertreten die Ansichten der Österreichischen Schule und sehen eine Trennung von Geld und Staat als eine Notwendigkeit, um Inflation und die Fehlallokationen von Ressourcen zu vermeiden. Desto mehr der Staat durch Regulierungen und Steuerungen in den freien Markt eingreift, desto gravierender die Folgen für die Gesellschaft. Diese Phänomene werden bereits seit dem späten 19. Jahrhundert beobachtet. Ludwig von Mises und Friedrich Hayek haben sehr wertvolle Beiträge zu dieser Thematik publiziert.

Die Ausweitung der Geldmenge ist langfristig gesehen der Hauptgrund für die Preisinflation, solange die Anzahl der Güter und Dienstleistungen nicht im gleichen Ausmaß ansteigt. Um dies so einfach wie möglich darzustellen, kommen wir noch einmal auf unsere fiktive Insel zurück und überlegen Folgendes.

Stellen wir uns vor, auf unserer Insel sind mittlerweile mehr Personen als nur du, der Hüttenbauer und ich gestrandet. Über die Zeit hat sich ein kleines Ökosystem gebildet. Alle von uns haben verstanden, dass wir durch Arbeitsteilung produktiver sind und so auch individuell unseren Stärken und Interessen nachgehen können. Da die meisten von uns Produkte und Dienstleistungen mit unterschiedlichem Wert herstellen, können wir schon lange nicht mehr eins zu eins tauschen. Wir haben uns dafür entschieden, Muscheln als Währung einzusetzen, da sich diese gut als Recheneinheit und Tauschmittel eignen. Die Muscheln haben wir am Strand eingesammelt und uns gemeinsam für diese Lösung entschieden.

Eines Tages meldet sich der stärkste Inselbewohner vor uns allen zu Wort und verkündet: „Ab jetzt bin ich der Einzige, der Zugang zum Strand hat, und ich werde auf der Insel für Preisstabilität sorgen!" Wir nennen ihn den Zentralbanker. Ohne uns weitere Gedanken darüber zu machen, akzeptieren wir dies.

Tage und Wochen vergehen, während wir weiterhin unseren Arbeiten nachgehen, um unser Überleben zu sichern. Unser Mitglied, der Zentralbanker, sammelt in dieser Zeit am Strand fleißig Muscheln auf, von welchen immer mehr an den Strand gespült werden.

Plötzlich passiert auf der Insel etwas Seltsames. Tagelang fällt der Regen aus und wir fürchten, dass es eine Trinkwasserknappheit geben könnte. Vielleicht magst du dich noch daran erinnern, dass du für das Trinkwasser verantwortlich bist. Clever, wie du bist, erzählst du uns allen, dass es bei deiner Produktion alles andere als gut läuft und du deshalb die Preise erhöhen musst. Falls du jetzt denkst, du würdest dies nicht tun, ist dies keine intelligente Entscheidung. Denn was passiert, wenn ein anderes Gut knapp wird, welches du nicht selbst kontrollierst, und dort die Preise erhöht werden? Du willst dir also in dieser Situation, in der du am Drücker bist, einen Vorrat schaffen und Muscheln sparen. Auch könnte sich der Trinkwasserpreis durch ein gegenseitiges Überbieten der Inselbewohner drastisch erhöhen.

Durch die Tatsache, dass du die Preise erhöht hast, kommen andere in Bedrängnis. Aber keine Sorge, denn unser Zentralbanker springt ein. Der Zentralbanker denkt sich nämlich, dass seine Hilfe irgendetwas verändert. Er unterstützt Inselbewohner in Not, welche sich deinen Wasserpreis nicht leisten können mit genügend Muscheln.

Wir haben jetzt mehr Muscheln in unserem System. Dies bedeutet, dass nun mehr Muscheln auf dein wertvolles Wasser geboten werden können, worauf du den Preis noch stärker erhöhen kannst oder sogar musst! Es ist ganz einfach. Wenn alle auf der Insel etwas unbedingt wollen, sind alle bereit, das Maximum zu bezahlen. Wenn also die Obergrenze erhöht wird, dann wird auch das maximale Gebot auf ein begrenztes Gut erhöht. Das Paradoxe dabei ist, dass der Wert der Muscheln zu einer endlosen Abwärtsspirale verdammt ist. Durch das selbst gebaute System und die selbst erlegte Aufgabe, Preisstabilität zu gewährleisten, muss der Zentralbanker in Krisenzeiten stets mit noch mehr Muscheln aushelfen, was die Situation verschlimmert. Auch wenn die Trinkwasserknappheit endet, bleibt die erhöhte Anzahl Muscheln auf der Insel weiterhin bestehen.

Zusätzlich zu dieser Problematik kann sich der Zentralbanker alles kaufen, was er möchte, und auch seine Freunde bevorzugen. Seine Liquidität an Muscheln ist unendlich. Wie bereits erwähnt gibt es für dieses Phänomen sogar einen Begriff, den Cantillon-Effekt[12]. Dieser hebt hervor, wie die Ausweitung der Geldmenge unterschiedliche Auswirkungen auf verschiedene Gruppen und Sektoren der Gesellschaft haben kann. Akteure, welche als erste Zugang zu dem neuen Geld haben, können Güter, Dienstleistungen und vor allem Wertanlagen zu aktuellen Preisen kaufen, bevor die Geldmengenausweitung zur Preissteigerung führt. Je später man also Zugang zu diesem neu geschöpften Geld bekommt, desto schlechter. Gut für alle Freunde des Zentralbankers, schlecht für alle anderen.

In der Realität geschieht dies auch. Der Zentralbanker aller Zentralbanker, also die Federal Reserve der Vereinigten Staaten von Amerika,

12 Benannt nach dem irisch-französischen Ökonomen Richard Cantillon (18. Jahrhundert).

hat ca. 8 Billionen US-Dollar angehäuft. Das sind 8.000 Milliarden USD! Die Zentralbank erhöht die Geldmenge durch das Kaufen von Staatsanleihen, also Staatsschulden, und Wertpapieren auf dem regulären Markt. Das Geld, das dafür bereitgestellt wird, wird aus dem Nichts geschaffen. Dieser Prozess wird als Quantitative Easing, kurz QE, bezeichnet.

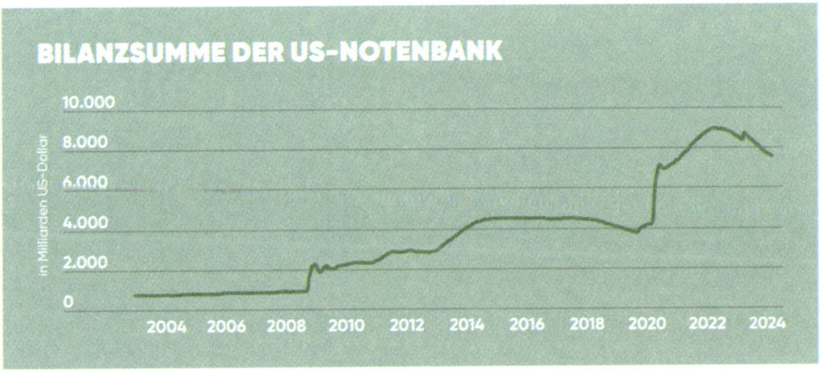

Abbildung 12 Bilanzsumme der US-Notenbank, St. Louis FED, 02.2024

Warum braucht die Zentralbank einen „Muschelhaufen“ im Wert von 8.000 Milliarden US-Dollar? Ist dies notwendig? Ist das fair? Und warum hat sich dieser Muschelhaufen in den letzten fünfzehn Jahren fast verzehnfacht?

Bitcoin ist die dezentrale Alternative zum Zentralbanksystem.

Bitcoin ist eine dezentrale, digitale Währung ohne übergeordnete zentrale Instanz. Sie ermöglicht Peer-to-Peer-Zahlungen weltweit, wobei Sicherheit und eine konstante Geldmenge garantiert sind.

Falls du immer noch skeptisch bist oder das Beispiel als zu vereinfacht ansiehst, kann ich das verstehen. Darum beziehen wir uns jetzt auf die Fakten. Die Muscheln in unserer Wirtschaft ist die Weltreservewährung, der US-Dollar.

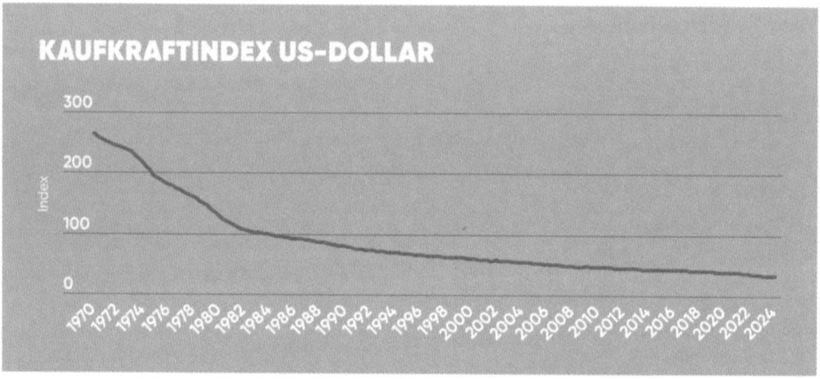

Abbildung 13 Kaufkraft US-Dollar, St. Louis FED, Stand 01.2024

Die Leitwährung unserer globalen Wirtschaft, der US-Dollar, hat seit der Abkehr vom Goldstandard im Jahr 1971 stark an Kaufkraft eingebüßt. Etwa 87 % weniger Kaufkraft in rund fünfzig Jahren – das ist vergleichbar mit einem Investment, das fast vollständig erodiert ist. Klingt wenig verlockend, um Kaufkraft für die Zukunft zu sparen, nicht wahr?

Für fast alle anderen Währungen global, welche von der Weltreservewährung abhängig sind, sieht es noch schlechter aus. Die folgende Gegenüberstellung von weiteren Devisen gegenüber dem US-Dollar von Charlie Bilello zeigt Erschreckendes.

Dieses Phänomen der Währungsentwertung ist global spürbar. Anleger weltweit rätseln täglich, wie sie ihr Vermögen sichern können. Und dies zu Recht. Selbst Wirtschaftsneulinge verstehen mittlerweile, was es bedeutet, sein Geld nicht zu investieren, da die Inflation den Wert des Ersparten auffrisst. Das alte Sparbuch hat ausgedient.

Gold und Immobilien gelten weiterhin als Refugien der guten Wertspeicher. Der Grund dafür? Ihre Knappheit. Weder Gold noch

Global Currencies: 10-Year % Change vs. The US Dollar (G20 Currencies Highlighted)											
Currency	Ticker	10-Yr % Ch	Currency	Ticker	10-Yr % Ch	Currency	Ticker	10-Yr % Ch	Currency	Ticker	10-Yr % Ch
Venezuelan Bolivar	VEF	-99.9998%	Mongolian Tughrik	MNT	-49.9%	Bangladeshi Taka	BDT	-29.4%	Honduran Lempira	HNL	-19.4%
Syrian Pound	SYP	-99.1%	Colombian Peso	COP	-49.2%	Romanian Leu	RON	-27.8%	South Korean Won	KRW	-19.2%
Argentine Peso	ARS	-99.1%	Tunisian Dinar	TND	-47.9%	Dominican Peso	DOP	-27.3%	Turkmenistani Manat	TMT	-18.4%
Turkish Lira	TRY	-92.3%	Kenyan Shilling	KES	-47.5%	New Zealand Dollar	NZD	-25.7%	Moroccan Dirham	MAD	-18.2%
Surinamese Dollar	SRD	-91.2%	Rwandan Franc	RWF	-47.0%	Moldovan Leu	MDL	-25.1%	Canadian Dollar	CAD	-17.9%
Angolan Kwanza	AOA	-88.5%	Burundian Franc	BIF	-45.9%	Peruvian Sol	PEN	-25.0%	Chinese Yuan Renminbi	CNY	-15.3%
North Korean Won	KPW	-85.5%	Gambian Dalasi	GMD	-44.2%	Nepalese Rupee	NPR	-24.8%	Icelandic Krona	ISK	-15.3%
Uzbekistani Som	UZS	-82.3%	Uruguayan Peso	UYU	-44.2%	Bhutanese Ngultrum	BTN	-24.5%	Fijian Dollar	FJD	-14.9%
Nigerian Naira	NGN	-82.2%	Kyrgyzstani Som	KGS	-43.3%	Indian Rupee	INR	-24.5%	Vietnamese Dong	VND	-14.6%
Sierra Leonean Leone	SLL	-81.0%	Algerian Dinar	DZD	-42.4%	Australian Dollar	AUD	-24.3%	Yemeni Rial	YER	-14.1%
Ghanaian Cedi	GHS	-80.1%	Namibian Dollar	NAD	-41.4%	Tuvaluan Dollar	TVD	-24.3%	Samoan Tala	WST	-13.4%
Ukrainian Hryvnia	UAH	-77.5%	Basotho Loti	LSL	-41.4%	Polish Zloty	PLN	-24.0%	Solomon Islander Dollar	SBD	-12.8%
Egyptian Pound	EGP	-77.5%	Swazi Lilangeni	SZL	-41.4%	Afghan Afghani	AFN	-23.9%	Czech Koruna	CZK	-12.0%
Malawian Kwacha	MWK	-74.9%	South African Rand	ZAR	-41.4%	Indonesian Rupiah	IDR	-23.2%	Iraqi Dinar	IQD	-11.3%
Libyan Dinar	LYD	-74.4%	Norwegian Krone	NOK	-41.3%	British Pound	GBP	-23.0%	Kuwaiti Dinar	KWD	-8.5%
Haitian Gourde	HTG	-68.0%	Iranian Rial	IRR	-40.5%	Cape Verdean Escudo	CVE	-22.0%	Thai Baht	THB	-8.2%
Congolese Franc	CDF	-66.8%	Chilean Peso	CLP	-39.5%	Mexican Peso	MXN	-21.9%	Trinidadian Dollar	TTD	-6.1%
Ethiopian Birr	ETB	-66.0%	Swedish Krona	SEK	-38.3%	Serbian Dinar	RSD	-21.8%	Israeli Shekel	ILS	-5.6%
Kazakhstani Tenge	KZT	-65.4%	Hungarian Forint	HUF	-37.3%	Guinean Franc	GNF	-21.2%	Singapore Dollar	SGD	-4.7%
Pakistani Rupee	PKR	-62.4%	Paraguayan Guarani	PYG	-36.4%	Tongan Pa'anga	TOP	-21.0%	Bruneian Dollar	BND	-4.7%
Russian Ruble	RUB	-61.3%	Tanzanian Shilling	TZS	-35.8%	Ni-Vanuatu Vatu	VUV	-20.9%	Costa Rican Colon	CRC	-3.1%
Lao Kip	LAK	-61.3%	Ugandan Shilling	UGX	-35.2%	Euro	EUR	-20.8%	Guyanese Dollar	GYD	-1.6%
Sri Lankan Rupee	LKR	-59.0%	Botswana Pula	BWP	-34.1%	Central African CFA Franc	XAF	-20.8%	Armenian Dram	AMD	1.1%
Tajikistani Somoni	TJS	-56.3%	Georgian Lari	GEL	-33.1%	Comorian Franc	KMF	-20.8%	Swiss Franc	CHF	3.1%
Liberian Dollar	LRD	-55.4%	Papua New Guinean Kina	PGK	-32.6%	Bosnian Convertible Mark	BAM	-20.8%			
Azerbaijan Manat	AZN	-53.9%	Mauritian Rupee	MUR	-32.0%	CFP Franc	XPF	-20.8%			
Burmese Kyat	MMK	-53.2%	Jamaican Dollar	JMD	-31.7%	Macedonian Denar	MKD	-20.7%	*Note: Data as of 1/25/24 via XE.com*		
Mozambican Metical	MZN	-51.9%	Japanese Yen	JPY	-30.8%	Bulgarian Lev	BGN	-20.7%			
Brazilian Real	BRL	-51.3%	Nicaraguan Cordoba	NIO	-30.8%	Danish Krone	DKK	-20.7%			
Malagasy Ariary	MGA	-50.8%	Malaysian Ringgit	MYR	-29.5%	Philippine Peso	PHP	-19.7%			

Abbildung 14 Globale Währungen im Vergleich zum US-Dollar über 10 Jahre, Quelle: Newsletter von Charlie Bilello, Stand 01.2024

Grundstücke gibt es im Überfluss. Ihr Wert, gemessen in Fiat-Geld, wird steigen, solange die Nachfrage das begrenzte Angebot übersteigt oder bei einer sich stetig ausdehnenden Geldmenge gleich bleibt.

KNAPPE UND BEGRENZTE GÜTER

Um ein Verständnis für Bitcoin und seine Eigenschaften zu entwickeln, bleiben wir noch einen Moment bei Gold und Land. Hier muss man auch differenzieren. Gold gilt als begrenzt und die Inflation von Gold ist sehr gering. Es kommt nur wenig neues Gold nach im Verhältnis zu dem, was bereits geborgen ist.[13] Dennoch könnten wir noch viel tiefer in die Erde graben. Auch könnten wir mehr Zeit und Ressourcen investieren, um nach unbekannten Goldvorkommnissen zu suchen und dieses Gold zu fördern.[14] Warum wird dies nicht getan? Ganz einfach, weil es zurzeit nicht profitabel ist. Sobald der Goldpreis jedoch drastisch ansteigt, wird es für zahlreiche Unternehmen interessant, sich dieser Aufgabe zu widmen und somit global mehr Gold zu fördern.

Bei Land ist das anders. Das Land auf unserem Planeten ist noch begrenzter. Obwohl wir durch Landentwicklung immer mehr Gebiete zu potenziellem Wohnraum umformen können, bleibt die Oberfläche der Erde gleich. Wir können heute schon bis auf den Quadratmeter genau messen, wie viel Wohnfläche wir auf der Erde zur Verfügung haben werden. Bei den Goldvorkommnissen gibt es zwar Schätzungen, jedoch ist die förderbare Menge um einiges unklarer als beim Bauland.

---

13 Diese Relation wird in der Bitcoin-Szene durch das Stock-to-Flow-Modell beschrieben, kurz: S2F. Dazu mehr im Buch *The Bitcoin Standard* von Saifedean Ammous, einer Lektüre zur Vertiefung der ökonomischen Seite von Bitcoin.

14 Auch gibt es in unserem Sonnensystem Asteroiden mit unvorstellbaren Mengen an raren Metallen, welche in der Zukunft evtl. abgebaut werden könnten.

Bitcoin ist das begrenzteste Gut.

Die Menge an Bitcoins im Umlauf bleibt nachfrageunabhängig.
Egal wie hoch der Preis steigt, es wird nie mehr als 21 Millionen Bitcoins geben.

Natürlich gibt es auch noch andere knappe, aber nicht begrenzte Güter, welche sich als Investitionen eignen, um der Inflation zu entkommen. Jedoch ist hier Vorsicht geboten. Luxusuhren sind ein ideales Beispiel. Zwar tendieren diese auch dazu, ein guter Inflationsschutz zu sein, jedoch sind sie eben nicht begrenzt, sondern nur knapp. Der Unterscheid ist einfach. Begrenztheit bedeutet, dass eine natürliche, physische oder – wie bei Bitcoin – eine digitale Beschränkung existiert. Dies ist bei Luxusuhren nicht der Fall. Hersteller wie Rolex könnten sich dazu entscheiden, mehr Mitarbeiter einzustellen und die Infrastruktur hochzufahren, um die Gesamtproduktion zu erhöhen. Es würden mehr Uhren auf den Markt kommen und der Prestigefaktor würde zusammen mit dem Preis sinken. Daher halten Rolex und andere Hersteller ihr Angebot absichtlich knapp.

Hartes Geld

Als hartes Geld werden Währungen bezeichnet, welche durch ihre Widerstandsfähigkeit gegen Inflation und Kaufkraftverlust gekennzeichnet sind. Es ist kein Zufall, dass der Mensch Gold seit ca. 5.000 Jahren als Tauschmittel einsetzt. Dies hat schon lange nichts mehr damit zu tun, dass Gold glänzt oder Wohlstand suggeriert. Vielmehr hat es mit seinen physischen und ökonomischen Eigenschaften zu tun. Das Material Gold ist fast unzerstörbar. Man kann es erhitzen, gießen, teilen, in kleine Stücke formen und vieles mehr. Es erfüllt die meisten Punkte, um ein gutes Geld zu sein. Jedoch entwickelt sich der Mensch weiter und ein rein physisches Geld ist mittlerweile nicht mehr praktisch genug. Auch haben Staaten kein wirkliches Interesse daran, eine physisch begrenzte Währung einzuführen oder zumindest ihre Nationalwährung damit zu decken. Würden sie dies tun, könnten sie viele Ausgaben nicht mehr finanzieren und müssten viel genauer kalkulieren. Das gesamte Kreditwesen müsste anders funktionieren. Ein Land mit wenig physischen Goldreserven könnte Mühe haben, Kredite zu erhalten, da beim Gläubiger aufgrund der zu niedrigen Rücklagen Zweifel aufkommen könnten.

Ob und wie ein hartes Geld noch einmal eine Nationalwährung decken könnte, das steht in den Sternen. Das Geniale daran ist aber, dass du und ich mit diesem Wissen gegenüber anderen, welche dieses Wissen nicht haben, klar im Vorteil sind. Sobald du den Begriff und die Eigenschaften von hartem Geld verstehst, weißt du genau, wie du deine Kaufkraft in die Zukunft transportieren und der Inflation des Fiat-Geldes gegensteuern kannst.

Die Begrenztheit macht Bitcoin zum härtesten aller Gelder.

Bitcoin setzt sich mit seiner Begrenzung auf 21 Millionen Bitcoins an die Spitze der harten Gelder. Bitcoin hat ab 2024 das höchste Stock-to-Flow-Verhältnis und somit eine geringere Inflation als Gold. Bitcoin ist die härteste Form von Geld.

ERKENNTNISSE TEIL 1

- Banken profitieren von Zinsgeschäften, die nur durch Kundengelder überhaupt realisierbar sind. Wenn sich eine Bank verkalkuliert, zahlt am Ende der Steuerzahler den Preis.
- Unser Geldsystem benachteiligt die untere Gesellschaftsschicht und bevorzugt die Eliten. Die Schere zwischen Arm und Reich geht immer weiter auf, was durch den Cantillon-Effekt weiter verstärkt wird.
- Zentralbanken haben die Aufgabe, für Währungssicherheit und Preisstabilität zu sorgen, wovon sie beides nicht gut genug erfüllen.
- Die Weltreservewährung, der US-Dollar, hat seit 1971 87 % an Kaufkraft verloren, während Einkommen nicht im gleichen Maße angestiegen sind, um dies auszugleichen. Dies hat dazu geführt, dass sich der Lebensstandard für größere Gruppen der Gesellschaft über die letzten Jahrzehnte kontinuierlich verschlechtert hat.
- Unsere Fiat-Währungen sind keine harten Gelder und auch mit keinen mehr gedeckt. Der Staat kann mithilfe der Zentralbank ohne Aufwand so viel Geld drucken, wie er es für nötig hält.
- In der Geschichte setzt sich hartes Geld, welches nicht einfach oder aus dem Nichts erschaffen werden kann, letztlich immer durch – es ist nur eine Frage der Zeit.
- Sparen in Fiat-Währungen ergibt aufgrund des Kaufkraftverlustes keinen Sinn. Wir werden zum Konsum oder Investieren in Vermögenswerte gezwungen.
- Richtig eingesetzt bietet Bitcoin die Lösung für diese Probleme.

Falls du an diesem Punkt noch nicht davon überzeugt bist, dass Fiat-Währungen immer zum Scheitern verurteilt sind und dies nur eine Frage der Zeit ist, möchte ich dir an der Stelle noch zwei Informationen mitgeben. Gemäß *Monetary Regimes and Inflation: History, Economic and Political Relationships* von Peter Bernholz[15] haben Fiat-Währungen eine durchschnittliche Lebenszeit von gerade mal 27 Jahren, bevor sie in irgendeiner Form verschwinden oder ersetzt werden. Höchste Zeit, sich nach Alternativen umzuschauen, oder?

Und zum Abschluss noch ein Denkanstoß. Magst du dich auch noch an die Zeiten erinnern, als fast alle Leute zwischen zwanzig und vierzig Jahren in deinem Umfeld davon gesprochen haben, bald ein Haus bauen zu wollen? Falls nicht, frag deine Eltern. Und wie sieht es heute aus? Kennst du viele Leute in deinem Umfeld, welche in diesem Alter noch vom Eigenheim sprechen? Wahrscheinlich kaum. Wenn wir einen Blick auf die Preise und auch die Löhne von 1971 werfen, wird die Begründung für diese Veränderung schnell ersichtlich. Sowohl Häuserpreise als auch Löhne waren vor ca. fünfzig Jahren um einiges niedriger. Wir müssen allerdings die Relation betrachten. 1971 konnte man sich mit weniger als zweieinhalb Jahreslöhnen ein neues Haus leisten. Jetzt möchte ich von dir, dass du berechnest, wie viel dein Jahresgehalt mal zweieinhalb ergibt. Du wirst merken, dass du heute meilenweit davon entfernt bist, ein neues Haus zu erwerben.

15 Deutsch-Schweizerischer Wirtschaftswissenschaftler.

1971 Cost of Living

Living

New House	$25,200.00
Average Income	$10,622.00 per year
New Car	$3,560.00
Average Rent	$150.00 per month
Tuition to Harvard University	$2,600.00 per year
Movie Ticket	$1.50 each
Gasoline	40¢ per gallon
United States Postage Stamp	8¢ each

Food

Granulated Sugar	62¢ for 5 pounds
Vitamin D Milk	$1.17 per gallon
Ground Coffee	98¢ per pound
Bacon	80¢ per pound
Eggs	45¢ per dozen
Fresh Ground Hamburger	62¢ per pound
Fresh Baked Bread	25¢ per loaf

SeekPublishing — Remember When — 1971

Abbildung 15 Lebenshaltungskosten, 1971 Remember When..., KardLet

TEIL 2

Was ist Bitcoin und wie funktioniert es?

Es gibt zahlreiche Definitionen, was Bitcoin ist. Von einfach bis komplex. Es gibt wirtschaftliche, technische, aber auch philosophische Definitionen. Ich selbst habe über die Jahre mehrere Definitionen aus verschiedenen Blickwinkeln entwickelt. Hier meine einfachste:

> *Bitcoin ist ein faires Geld von Menschen für Menschen.*

Und noch eine etwas sachlichere:

> *Bitcoin ist ein zensurresistentes, transparentes, dezentrales Peer-to-Peer-Zahlungsnetzwerk ohne Intermediäre.*

Wahrscheinlich hilft dir das in diesem Moment noch nicht viel. Aber ich denke, im Verlauf dieses Teils des Buches wirst du verstehen, was damit gemeint ist. Mit der Zeit wirst du sicherlich deine eigene Definition entwickeln.

Bitcoin ist neu, innovativ und disruptiv. Jegliches Wissen über Bitcoin, welches du dir aneignest, kann irgendwo von Vorteil sein. Vielleicht sogar in Bereichen, wo du es am wenigsten erwartest. Bitcoin ist weit mehr als nur ein neues Finanzinstrument, welches von den üblichen zentralen Instanzen kontrolliert und überwacht wird. Oft hört man in der Bitcoin-Szene auch so etwas wie „Bitcoin ist Freiheit". Das mag etwas ideologisch klingen, aber auch diese Aussage hat seine Berechtigung. Bitcoin bietet so viele Möglichkeiten, mit denen man nicht nur eins, sondern zehn oder hundert Bücher füllen könnte.

Ich habe mir sehr lange Gedanken darüber gemacht, wie ich den technischen Teil zur Erklärung von Bitcoin möglichst einfach und für Laien geeignet aufbauen soll. Am Anfang werde ich dir ein paar einzelne Informationen mitgeben, die wichtig sind, aber noch nicht wirklich zusammenhängen. Auch wenn du nicht alles auf Anhieb verstehst, verliere bitte nicht den Mut. Bitcoin zu verstehen, ist ein stetiger Lernprozess.

Nach der Einführung werden wir uns den Ablauf einer Bitcoin-Transaktion genauer anschauen. Diese Erklärung sehe ich leider nur sehr selten in Bitcoin-Büchern für Einsteiger, finde diese aber mit Abstand die beste Methode, um ein Verständnis für Bitcoin und seine Funktion aufzubauen.

DAS BITCOIN WHITEPAPER

Das Bitcoin Whitepaper[16] ist ein neunseitiges Dokument, welches von Satoshi Nakamoto am 31. Oktober 2008 unter dem Titel *Bitcoin: A Peer-to-Peer Electronic Cash System* im Internet veröffentlicht wurde. Ob Satoshi Nakamoto eine Einzelperson oder eine Gruppe war, wissen wir bis heute nicht. Dies ist ein essenzieller Vorteil von Bitcoin, denn sogar beim Gründer oder der Gründergruppe gibt es keine zentrale Angriffsstelle. Über die Jahre gab es zahlreiche Vermutungen, wer dahinterstehen könnte, jedoch haben die Nachforschungen bis heute immer ins Leere geführt. Satoshi hat bereits damals verstanden, dass dies ein wesentlicher Punkt von Bitcoin sein muss: die Unangreifbarkeit. Wichtig ist auch, dass Bitcoin als ein Community-Projekt erschaffen wurde. Satoshi stellte den Erfolg des Projektes über den Ruhm, welcher sehr wohl gerechtfertigt und verdient wäre.

Die einzige Person, welche Satoshi im Whitepaper erwähnte, ist Adam Back – der Erfinder von Hashcash. Hashcash wurde ursprünglich entwickelt, um E-Mail-Spam und Denial-of-Service-Angriffe[17] zu bekämpfen. Natürlich war dies nicht der einzige Vorreiter von Bitcoin. Oft wird auch das von Nick Szabo konzipierte Bitgold als Vorläufer von Bitcoin bezeichnet. Wichtig an der Stelle ist zu verstehen, dass die einzelnen Bestandteile von Bitcoin nicht neu sind. Lediglich deren Zusammensetzung ist einzigartig und macht Bitcoin zu dem, was es heute immer noch ist.

---

16 Ein Whitepaper ist ein formales, informatives Dokument zur Präsentation einer Idee oder eines Projektes.

17 Ein Denial-of-Service-Angriff (DoS-Angriff) ist eine Cyberangriffmethode, die darauf abzielt, ein Computersystem, Netzwerk oder eine Online-Dienstleistung unzugänglich zu machen, indem man sie überlädt.

Viele Konzepte wie Bitgold wurden aber nie in vollständig funktionierende Systeme umgesetzt. Schuld daran ist das Double-Spending-Problem. Zu verhindern, dass Werte zweimal ausgegeben werden, schien lange als unlösbar oder zumindest sehr schwierig. Wenn du z. B. ein Bild an einen Freund via WhatsApp sendest, bleibt das Bild auf deinem Gerät existent. Wie also kann man Werte online versenden und garantieren, dass jene nicht noch einmal ausgegeben werden, was bei einem Zahlungssystem essenziell ist? Bitcoin löst dieses Problem mit der eben genannten Kombination aus vielen einzelnen Puzzlestücken.

Das Bitcoin Whitepaper ist für jedermann zugänglich und kann auf der Webseite www.bitcoin.org heruntergeladen werden.

www.bitcoin.org/en/bitcoin-paper

DEZENTRALITÄT

Oft hört man von Bitcoin-Kritikern so etwas wie „Bitcoin ist nur eine Anwendung der Blockchain. Blockchain ist die eigentliche Innovation". Ich möchte, dass du diesen Satz schnell wieder vergisst, denn er könnte nicht falscher sein. Weder die Blockchain noch Proof of Work[18] noch die Dezentralität ist alleinstehend die große Innovation. Doch die richtige Zusammenführung ist es.

Ein dezentrales System wie Bitcoin hat die Eigenschaft, ineffizient und träge zu sein. Eine Datenbank bei einer zentralen Entität ist wesentlich schneller und allfällige Korrekturen lassen sich schnell und einfach durchführen. Doch zu welchem Preis? Wie du auf der linken Seite der nächsten Grafik erkennst, findet eine Überprüfung der Richtigkeit von z. B. Finanzdaten nur in der Mitte statt. Dies ist zwar effizient, jedoch hat diese zentrale Entität die vollständige Kontrolle und Entscheidungsgewalt. Sie entscheidet, was wahr und was falsch ist. Transaktionen können durch diese zentrale Entität verändert, manipuliert oder auch zensiert werden.

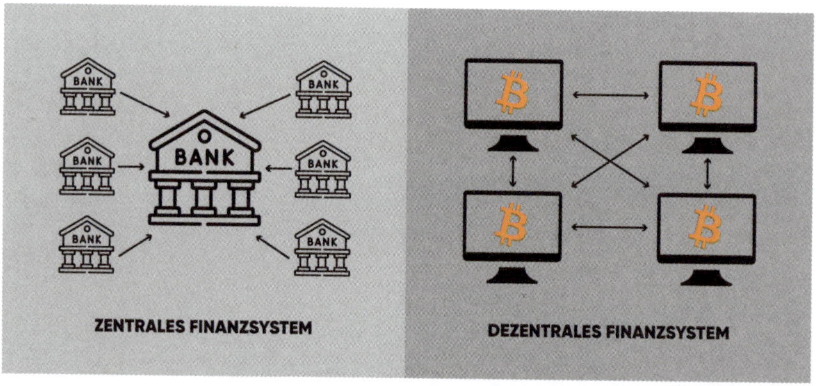

18 Der Beweis, Arbeit erbracht zu haben.

Im Gegenzug dazu sehen wir auf der rechten Seite ein dezentrales System. Dieses ist weniger effizient als ein zentralisiertes System, da alle Teilnehmer über das Geschehen im Netzwerk gleichermaßen informiert sein müssen. In einem Zahlungssystem bedeutet dies, dass jeder Teilnehmer den Stand aller Teilnehmer kennen muss und die Verbreitung dieser Informationen zeitaufwendiger ist als auf der linken Seite. Doch warum sollten wir ein solches ineffizientes System überhaupt nutzen?

Um die Vorteile eines dezentralen Finanzsystems besser zu erklären, bedienen wir uns eines einfachen Beispiels. Wichtig dabei zu wissen ist, dass Bitcoin nicht genau so funktioniert, wie in diesem Beispiel dargestellt. Bitcoin ist um einiges komplexer, was du im weiteren Verlauf feststellen wirst. Es soll dir lediglich die Vorteile und den Nutzen von Dezentralität aufzeigen.

Alice, Carol, Bob und Charlie sitzen an einem Tisch mit jeweils einem Blatt Papier und einem Stift vor sich. Die Aufgabe ist es, ein möglichst effizientes Finanzsystem zu entwickeln, ohne irgendeine Form von physischem Geld. Charlie meldet sich freiwillig, um alle Kontostände zu erfassen. Es starten alle mit zehn Einheiten Geld und Charlie

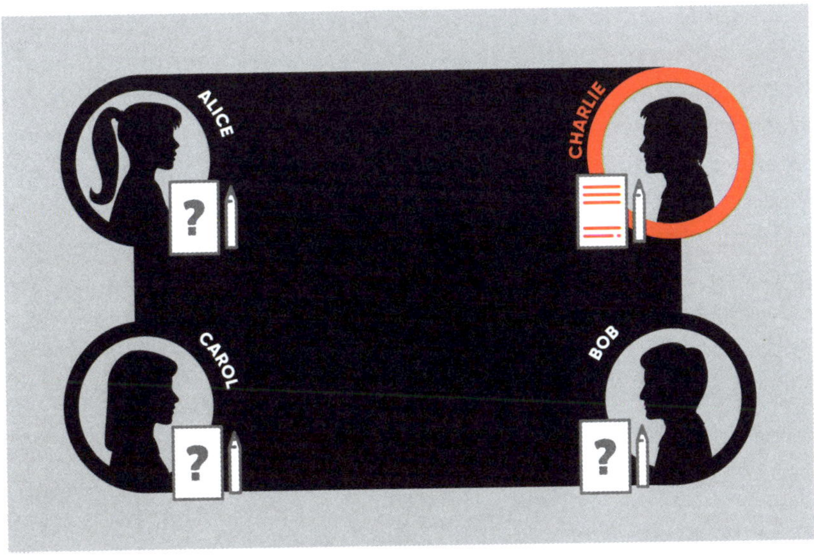

führt genau Notiz, wann immer eine Transaktion geschieht. Charlies Notizen könnten also so aussehen:

- Bob an Alice 1 Geld
- Alice an Bob 0.5 Geld
- Charlie an Carol 2 Geld
- ...

Charlie notiert sich lediglich alle Transaktionen, wovon er die korrekten Kontostände immer wieder ableiten kann, ohne diese nach jeder Transaktion zu erfassen. Nach den drei Transaktionen wären die Kontostände für Bob 9.5 Geld, für Alice 10.5 Geld, für Charlie 8 Geld und für Carol 12 Geld. Übrigens funktioniert Bitcoin ähnlich. Der Bitcoin-Kontostand auf jeder Adresse ist nichts anderes als eine Aufsummierung aller vorherigen Transaktionen.[19] Der Kontostand wird also nicht gespeichert, sondern berechnet.

Doch was geschieht, wenn Charlie einen Fehler macht? Egal ob absichtlich oder unabsichtlich, Alice, Carol und Bob sind immer davon abhängig, dass Charlie seine Aufgabe korrekt durchführt und die anderen nicht übers Ohr haut.

Um dies zu verhindern, gibt es eine einfache Lösung. Anstatt dass wir Charlie als zentrale Kontoführungsstelle einsetzen, dezentralisieren wir diese Aufgabe und lassen alle Teilnehmer mitschreiben. Sobald jemand eine Transaktion durchführen möchte, notieren alle diese Transaktion. Wenn sie fertig sind, halten sie das Blatt hoch und überprüfen, ob alle anderen die Transaktion richtig notiert haben. Egal ob absichtlich oder unabsichtlich, ein Fehler oder sogar Betrug ist unmöglich. Sobald jemand betrügen möchte, würden dies die anderen beim Hochhalten des Blatt Papiers sofort merken und sie oder ihn zurechtweisen oder sogar ausschließen. Es ist also im Interesse von allen, nicht zu betrügen, da es immer auffliegen würde.

Durch das Dezentralisieren unseres kleinen Finanzsystems sind wir zwar weniger effizient, können aber eine hundertprozentige Richtigkeit, Transparenz und Fairness garantieren. Niemand kann betrügen.

---

19 Auch UTXO genannt. UTXO steht für „Unspent Transaction Output".

Bei unabsichtlichen Fehlern wird der Betroffene auf den Fehler hingewiesen und korrigiert seinen Eintrag. Im Bitcoin-Netzwerk spricht man nicht von einem Blatt Papier gefüllt mit Transaktionen, sondern von einem Block.

Gehen wir noch einen Schritt weiter und inkludieren einen weiteren Begriff aus der Bitcoin-Welt in unser Beispiel. Die Blockchain, also eine Verkettung von Bitcoin-Blöcken.

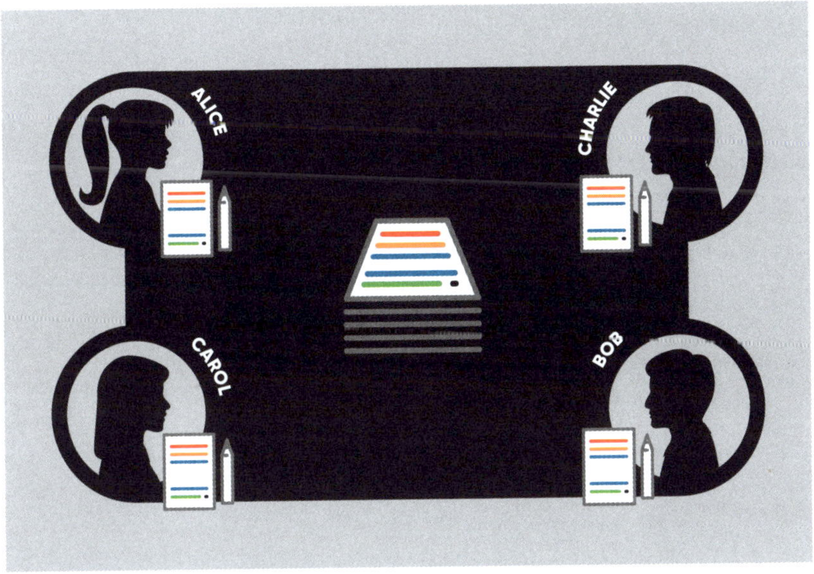

Alice, Carol, Bob und Charlie haben sich aus Effizienzgründen darauf geeinigt, nur alle zehn Transaktionen eine Überprüfung zu starten und einen Zwischenspeicher einzubauen. Da auf allen vier Blättern das Gleiche stehen sollte, nehmen sie eines der vier Blätter und legen es in die Mitte. Dies stellt den ersten Block dar.

Nach zehn weiteren Transaktionen und der gegenseitigen Kontrolle legen sie das zweite Blatt Papier auf das erste und so weiter. So entsteht ein Stapel an Blöcken von Transaktionen, oder eben die sogenannte Blockchain. Die Blockchain ist nichts anderes als eine Aneinanderreihung von Blöcken gefüllt mit Transaktionsdaten. Nun stellt sich aber eine wichtige Frage: Wie kann garantiert werden, dass ein bereits abgelegter Block nicht verändert werden kann? Dies hätte fatale Folgen, denn es würde unter Umständen sämtliche Kontostände verfälschen. Irgendein Mechanismus muss also gewährleisten, dass abgelegte Blöcke nicht verändert werden können. Bitcoin löst dies unter anderem mit dem Nakamoto-Konsens, der auf Proof of Work aufbaut. Dazu später mehr.

DIE REGELN

Eine sehr berechtigte und nicht leicht zu verstehende Frage bezieht sich auf die Verantwortung und Gewährleistung der Regeln im Bitcoin-Netzwerk. Bitcoin ist in jeglicher Hinsicht so aufgebaut, dass jeder den Anreiz hat, sich korrekt zu verhalten. Bitcoin ist wie eine Sprache. Genauer gesagt ist es ein Geldprotokoll im Internet. Eine Abmachung, wie wir miteinander kommunizieren. Es gibt keinen Anreiz für einen Teilnehmer, eine andere Sprache zu sprechen, da ihn alle anderen nicht verstehen würden. Jeder, der am Bitcoin-Netzwerk teilhaben möchte, muss sich an die Regeln halten, da er ansonsten ausgeschlossen wird.

Beim Internet ist es ähnlich und vielleicht etwas einfacher zu verstehen. Hier nutzen wir hauptsächlich zwei Protokolle: TCP/IP[20] und HTTP[21]. Würde sich jemand nicht an diese Protokollregeln halten, würde er von den anderen Teilnehmern des Internets nicht verstanden, oder könnte diese sogar aktiv behindern. Man würde sich also selbst ausschließen, was nicht im eigenen Interesse ist. Es gab in der Vergangenheit einige Versuche, neue, private Internetprotokolle zu entwickeln, jedoch haben sich diese nie für die breite Masse durchgesetzt.

Auch bei Bitcoin gab es zahlreiche solcher Versuche. Der letzte ernst zu nehmende Versuch war eine Veränderung der Blockgröße im Jahr 2017 von 1 MB auf 2 MB. Die Mehrheit der Bitcoin-Teilnehmer haben

20 Transmission Control Protocol: Zuverlässige Übertragung von Daten zwischen Computern.

21 Hypertext Transfer Protocol: Übertragung von Hypertext-Dokumenten im World Wide Web.

dies aber nicht akzeptiert und somit gab es die Abspaltung Bitcoin Cash (BCH). Bitcoin Cash ist vergleichbar mit einem privatisierten Internet mit nur sehr wenigen Anhängern. Wenn wir einen Blick auf die Preisentwicklung solcher Bitcoin-Abspaltungen, die sogenannten Hardforks, werfen, stellen wir fest, dass diese noch nie von Erfolg gekrönt waren. Im Gegenteil, gegenüber Bitcoin haben sich alle massiv abgewertet.

Bitcoin (BTC)	$ 67.699,30
Bitcoin Cash (BCH)	$ 450,49
Bitcoin SV (BSV)	$ 110,99
Bitcoin Gold (BTG)	$ 40,11

Abbildung 16 Preisentwicklung von Bitcoin im Vergleich zu Bitcoin-Abspaltungen, Daten von Coinmarketcap.com, Stand 03.2024

Obwohl all diese Abspaltungen ungefähr die gleiche Anzahl an verfügbarem Angebot haben wie Bitcoin (BTC), sind sie preislich nur noch Bruchteile wert. Die Vergangenheit hat uns gezeigt, dass eine Veränderung im Bitcoin-Netzwerk gegen den Willen der Mehrheit nie zum Erfolg führen kann. Doch was, wenn die Mehrheit eine Veränderung haben möchte, z. B. mehr verfügbare Funktionen auf Bitcoin?

BIP

Für eine Regeländerung im Bitcoin-Netzwerk gibt es die sogenannten BIPs, die Bitcoin-Improvement-Proposals. Also Vorschläge für eine Verbesserung von Bitcoin. Grundsätzlich kann jeder – ja, sogar du oder ich – ein BIP schreiben. Wenn für das Netzwerk sinnvolle Vorschläge zu einer Protokolländerung enthalten sind, werden diese von der Community gehört, unterstützt und weiterverbreitet. Bis zu dem Punkt, an dem es ein Bitcoin-Core-Entwickler programmiert. Ein solcher Vorschlag setzt sich also demokratisch durch und muss von den Benutzern auch als notwendig empfunden werden. Die oberste Priorität bei Bitcoin ist das Überleben des Netzwerks und seine Sicherheit. Wer also unnötige Spielereien oder sinnlose Implementierungen vorschlägt, der findet in der Regel kein Gehör.

Es gibt zwei Arten von Änderungen im Protokoll. Solche, die über eine sogenannte Softfork implementierbar sind, und die vorher genannten Abspaltungen, die Hardforks. Eine Softfork könnte man eher als ein kleines Update bezeichnen, welches abwärtskompatibel ist. Wenn die Nodes, also die Knotenpunkte, welche die Bitcoin-Software betreiben und die Blockchain gespeichert haben, nicht auf dem neuesten Programmstand sind, können sie trotzdem mit dem Netzwerk kommunizieren und keine Regeln verletzen. Bei einer Hardfork jedoch spaltet sich die Blockchain auf. Das bedeutet, dass

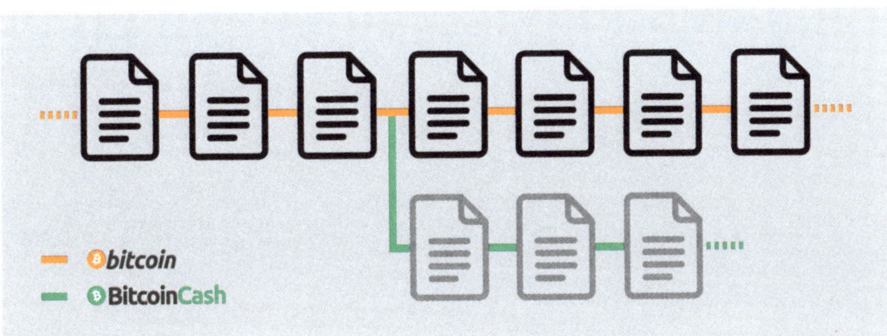

Abbildung 17 Abspaltung Bitcoin Cash (BCH) von Bitcoin (BTC) mit neuem Regelwerk. Alle Halter von Bitcoin zum Zeitpunkt der Hardfork hatten danach die gleiche Anzahl an Coins in beiden Netzwerken.

sich alle Nodes, welche an der Hardfork teilnehmen, vom originalen Bitcoin (BTC)[22] abspalten und ihr eigenes neues Regelwerk in ihrem System laufen lassen.

Gewisse Änderungen, wie eben z. B. eine Erhöhung des Speicherplatzes in einem Block, erfordern eine Hardfork. Es ist im Interesse aller Teilnehmer des Bitcoin-Netzwerkes, möglichst selten bis nie eine Hardfork durchzuführen, da dies immer zu Unruhen führt. Es ist sehr schwierig, vorab zu klären, wie viele Teilnehmer die neue Änderung unterstützen werden. Wichtig an der Stelle zu verstehen ist, dass die Nutzer, welche eine Node betreiben, demokratisch entscheiden, was sie unterstützen wollen und was nicht.

22 Auch Bitcoin-Core genannt.

KRYPTOGRAPHIE

Bitcoin ist eine Kryptowährung. Der Währungsteil sollte nach dem ersten Hauptkapitel des Buches nun klar sein. Doch was hat es mit Krypto auf sich? Bei der Kryptographie teilt man in drei Hauptaufgaben, die oft unter dem Akronym CIA zusammengefasst sind.

1. **Confidentiality (Vertraulichkeit):** Die Gewährleistung, dass Daten nur für autorisierte Parteien zugänglich sind.
2. **Integrity (Integrität):** Die Sicherstellung, dass Daten nicht unbefugt verändert wurden.
3. **Authentication (Authentizität):** Das Verifizieren, dass ein Datum von einer Partei geschrieben und abgesegnet wurde.

Bitcoin bedient sich zwei dieser Hauptaufgaben: I und A. Durch eine sogenannte Signatur kann im Netzwerk bewiesen werden, dass jemand eine Transaktion ausgelöst hat und dass diese nicht verändert wurde.

Über die Kryptographie gibt es bereits zahlreiche Bücher und Wissenschaftler, welche sich, auch unabhängig von Bitcoin, mit dieser Thematik befassen. Wir bleiben also bei den Basics und den essenziellen Punkten, welche für Bitcoin relevant sind.

SHA-256

Um das Konzept der kryptographischen Hash-Funktion SHA-256[23] zu verstehen, stellen wir uns vor, dass wir einen digitalen Fingerabdruck von Daten, also einen Output, erzeugen. Genauso wie jeder Mensch einen einzigartigen Fingerabdruck hat, gibt die SHA-256-Funktion für jeden beliebigen Input (egal ob Text, ein Bild oder jede andere Art von Daten) einen einzigartigen, festen Zeichencode aus. Dieser Code hat immer die gleiche Länge (256 Bits), unabhängig davon, wie lang oder kurz der Input ist. Die Besonderheit dieser Funktion ist, dass du, wenn du dieselben Daten noch einmal eingibst, auch genau denselben digitalen Fingerabdruck erhältst. Wenn du nur den Fingerabdruck kennst, kannst du nicht zurückverfolgen, welche Daten den Fingerabdruck erzeugt haben. Es ist wie ein Weg, der nur in eine Richtung befahren werden kann. Wenn jemand versuchen würde, durch Raten herauszufinden, welche Daten zu einem bestimmten Fingerabdruck gehören, wäre das nahezu unmöglich. Die Anzahl der möglichen Kombinationen ist tatsächlich größer als die Anzahl der Atome im Universum, sodass es praktisch unmöglich ist, die ursprünglichen Daten zu erraten.

23 Secure Hash Algorithm 256-bit aus der SHA-2-Algorithmenfamilie. Entworfen von der NSA.

Beispiele SHA-256-Codierung:

Input: Alice an Bob 1 Geld
Output: 06d2308538081d2c209895609d507caf8672e50721c7d4052058bbeb25ed4b68

Input: Alice an Bob 2 Geld
Output: 40042cfa922a4a561ac9e563f18cd3f97c1188b4b60aa931cc47afb39e34c8dc

Input: Bob an Alice 1 Geld
Output: c3a37271247e29ea04b3a964c9d03a8a0d5a1b277509cc3bc7fcbb9f1723a2a0

Wir erkennen sofort, dass auch bei ähnlichem Input der Output immer ein komplett anderer ist. Die einzige Gemeinsamkeit ist die Länge des Ausgabestrings, die 64 alphanumerischen Zeichen. Genauer gesagt ist diese Darstellung eine Hexadezimaldarstellung mit 64 Zeichen, eine andere Interpretation von einem 32-Byte-Binär-Hash, welcher aus 256 Bits (0 oder 1) besteht.

Zweifelst du daran, dass die oben genannten Beispiele immer identische Ergebnisse liefern? Teste es selbst auf www.sha-generator.de, um ein eigenes Verständnis für die Präzision und Zuverlässigkeit dieses Prozesses zu entwickeln.

www.sha-generator.de

Wie können wir diese Eigenschaft praktisch nutzen? Ganz einfach: Sie dient als ein Werkzeug, um nachzuweisen, dass wir über bestimmte Informationen verfügen oder dass diese Informationen seit ihrer Erstellung unverändert geblieben sind. Bei jeder noch so kleinen Änderung des Inputs würde sich der Hash-Wert signifikant verändern. Dieser Beweis der Konsistenz ist in der digitalen Welt sehr wertvoll, insbesondere wenn es um die Sicherheit, Transparenz und Authentizität von Daten oder wie bei Bitcoin um Transaktionen geht.

Ein weiteres Beispiel:

Input:
Bob an Alice 1 Geld
Alice an Bob 0.5 Geld
Charlie an Carol 2 Geld
...

Output:
`b10043b6141aad3754adc25953c2f2a22c7c326cc77e0e53c684a28af7514c39`

Wir haben hier einen kompletten Block (das Papier nach zehn Transaktionen von vorhin) mit SHA-256 gehasht. Wenn wir nun diesen Output in den nächsten Block integrieren, können wir die Unveränderbarkeit der Blockchain gewährleisten. Sobald jemand versuchen würde, in irgendeinem Block der Blockchain einen Wert zu ändern, würde der Hash-Wert des Blocks komplett anders aussehen – und damit auch die Hash-Werte der folgenden Blöcke. Um genau zu sein, ist es auch hier wieder ein Zusammenspiel von mehreren Puzzleteilen, die zur Unveränderbarkeit der Blockchain führen. Proof of Work gehört ebenso zu dieser Sicherstellung. Unter dem Kapitel „Miner" werden wir ausführlich auf diese Thematik eingehen.

ECDSA

Eine weitere Anwendung von Kryptographie bei Bitcoin findet sich in der Adressgenerierung. Bei einer sogenannten Bitcoin-Wallet, also einer Art Geldbörse, gibt es nämlich immer ein Schlüsselpaar. Dieses besteht aus einem privaten Schlüssel (Private Key) und einem öffentlichen Schlüssel (Public Key). Vom öffentlichen Schlüssel wird dann eine Wallet-Adresse abgeleitet, welche du jemandem zur Verfügung stellen kannst, um Bitcoin zu empfangen. **Den Private Key jedoch darfst nur du kennen und niemand sonst.** Dies ist sehr wichtig, da die Kenntnis des Private Keys volle Kontrolle über den zugehörigen Public Key und die dazugehörige Adresse gewährleistet.

Durch die Eigenschaften von ECDSA (Elliptic Curve Digital Signature Algorithm) ist es möglich, ohne den Private Key zu veröffentlichen, zu beweisen, dass du der Besitzer eines spezifischen Public Keys bist. Damit kann eine Transaktion digital signiert und somit dem Netzwerk mitgeteilt werden, dass du z. B. eine Transaktion zur Verschiebung von Bitcoin auslösen möchtest.

DER ABLAUF EINER BITCOIN-TRANSAKTION

Bis eine Bitcoin-Transaktion nach dem Senden beim gewünschten Empfänger ersichtlich ist, dauert es nur wenige Sekunden. Bis eine Transaktion aber unveränderbar und sicher in der Blockchain gespeichert ist, rechnet man mit ca. einer Stunde. Eine Bitcoin-Transaktion durchläuft vom Sender bis zum Empfänger die folgenden Stationen:

1. **Wallet:** Hier wird die Transaktion durch den Sender ausgelöst.
2. **Nodes:** Die Nodes sind Knotenpunkte, welche diese Transaktion prüfen, verteilen und in den Mempool ablegen.
3. **Mempool:** Der Mempool ist ein Sammeltopf an unbestätigten Transaktionen. Dieser ist dezentral bei allen Nodes zwischengespeichert.
4. **Miner:** Die Miner müssen sich entscheiden, welche Transaktionen aus dem Mempool sie in einen temporären Block einbauen wollen. Grundsätzlich entscheiden sie sich immer für die Transaktionen mit den höchsten Gebühren (ihr Anreiz ist die Gewinnmaximierung durch Gebühren).
5. **Block:** Wenn die Miner mit ihrer Blockvorlage und den von ihnen gewählten Transaktionen einen gültigen Block gefunden haben, publizieren sie diesen.
6. **Nodes:** Die Nodes prüfen den Block auf seine Gültigkeit. Im Falle eines gültigen Blocks verteilen sie diesen über alle anderen Knotenpunkte, sodass alle den gleichen Stand haben.
7. **Blockchain:** Der neue gültige Block wird von allen Netzwerkteilnehmern an die Blockchain angehängt.

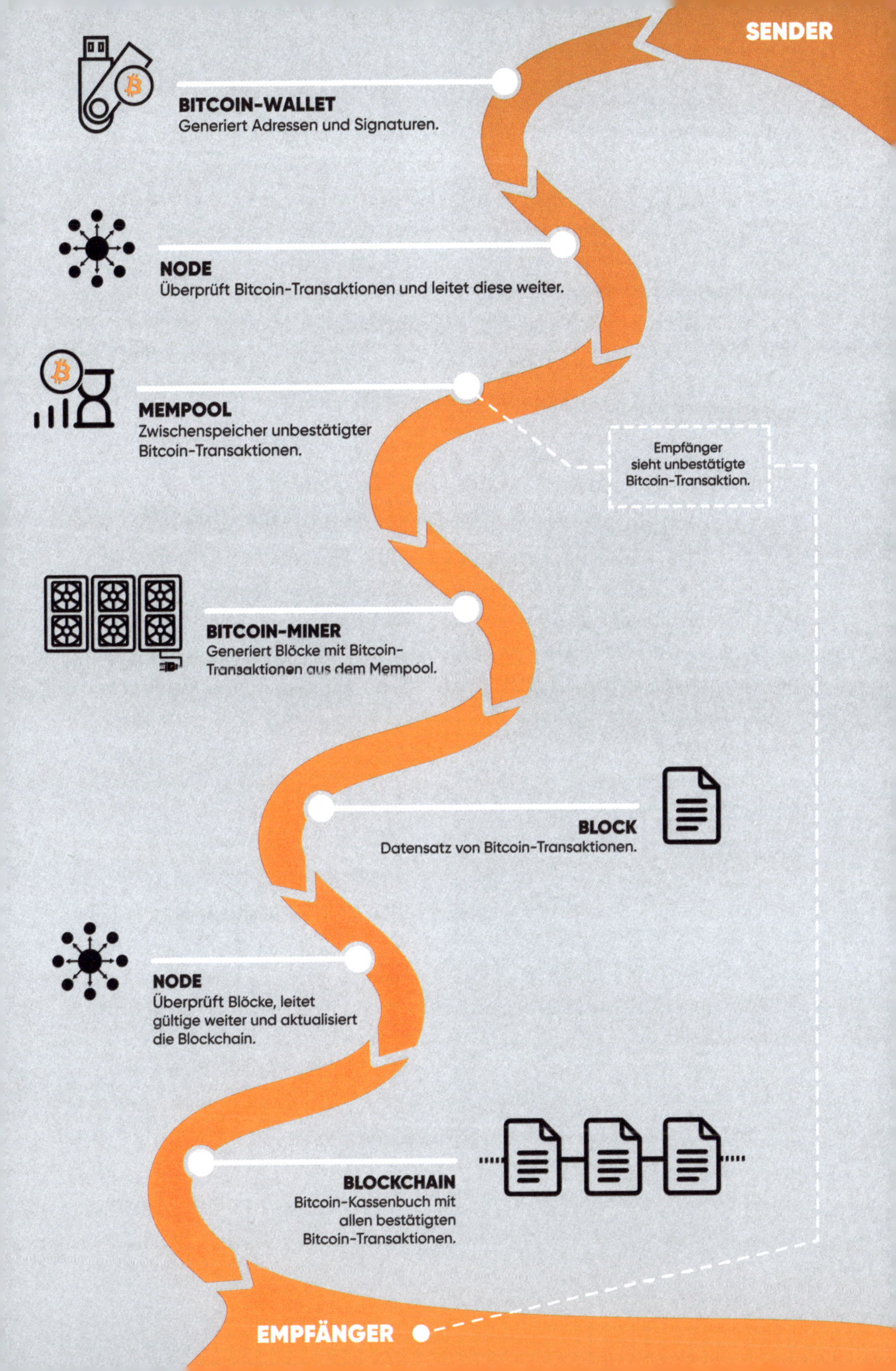
SENDER
BITCOIN-WALLET
Generiert Adressen und Signaturen.
NODE
Überprüft Bitcoin-Transaktionen und leitet diese weiter.
MEMPOOL
Zwischenspeicher unbestätigter Bitcoin-Transaktionen.
Empfänger sieht unbestätigte Bitcoin-Transaktion.
BITCOIN-MINER
Generiert Blöcke mit Bitcoin-Transaktionen aus dem Mempool.
BLOCK
Datensatz von Bitcoin-Transaktionen.
NODE
Überprüft Blöcke, leitet gültige weiter und aktualisiert die Blockchain.
BLOCKCHAIN
Bitcoin-Kassenbuch mit allen bestätigten Bitcoin-Transaktionen.
EMPFÄNGER

Interessanterweise ist die Transaktion beim Empfänger bereits ab dem Mempool ersichtlich. Dies bedeutet aber nicht, dass diese Transaktion auch in einen gültigen Block integriert wird und somit gültig bleibt. Als komplett verarbeitet gilt eine Transaktion erst, wenn sie tiefer in der Blockchain liegt. Man sagt in der Regel, dass zwischen zwei und sechs Blöcke notwendig sind, um Unveränderbarkeit und somit Sicherheit zu gewährleisten.

Wallet

Erstellen von Adressen

Die Hauptaufgabe einer Bitcoin-Wallet ist das Management von Bitcoin-Adressen, genauer gesagt eines *Private Public Key Pair*, also einem Schlüsselpaar. Dieses Schlüsselpaar besteht aus dem Privaten Schlüssel, **den nur du und niemand sonst erfahren darf.** Dieser gewährt dir überall auf der Welt und mit jeder Wallet, unabhängig vom Hersteller, Zugriff auf deine Bitcoins. Der öffentliche Schlüssel wird vom privaten Schlüssel abgeleitet und stellt nach einer weiteren Umformung deine Adresse dar. Diese kannst du als Empfängeradresse jemandem geben, der dir Bitcoin überweist. Ein solches Schlüsselpaar könnte wie folgt aussehen:

Private Key / Privater Schlüssel:

KydyyaujvtLqWTbanYqJnv8wFubDui9Lr96TAjoKjg9QK2B5XAzK

Public Key / Öffentlicher Schlüssel:

039daff549130924cf76e28bc03e587f3c013bd0791a6d274a2740f d54e7e3fc25

Adresse:

bc1qmumxj79s8msjxqry65aqpqae2fc7g2dypy7c4d

In der Regel generieren kommerzielle Wallets den Private Key durch möglichst viele verschiedene Zufallsfaktoren. So soll gewährleistet werden, dass nie irgendjemand deinen Private Key per Zufall eingibt und somit Zugriff auf deine Bitcoins hätte. Ein Bitcoin Private Key besteht aus 256 Bits, was insgesamt zu $2^{256} \approx 1.1579209e+77$ Kombinationen führt, eine Zahl mit 77 Ziffern. Diese Anzahl an Adressen ist größer als die gesamte Anzahl an Sandkörnern auf der Erde. Wir lernen also, dass es in der Praxis unmöglich ist, durch das Erraten eines Private Keys oder durch Zufall Zugriff auf eine Bitcoin-Wallet zu bekommen. Nur wer den Private Key kennt, hat auch Zugriff auf seine Bitcoins.

Mit einer Bitcoin-Wallet können nicht nur neue Schlüsselpaare und somit Adressen generiert, sondern auch wiederhergestellt werden. Der Begriff der Wiederherstellung wird sehr oft verwendet, obwohl dieser nicht ganz zutreffend ist. Ein Schlüsselpaar verschwindet nie, es existiert immer. Auch wenn man die Wallet zerstört oder auch den privaten Schlüssel verliert, bleibt das Schlüsselpaar existent. Lediglich der Zugriff bleibt aus. Wenn man also von der Wiederherstellung einer Bitcoin-Wallet spricht, meint man das Eingeben des privaten Schlüssels in ein neues Gerät, um wieder Zugriff auf die entsprechende Adresse zu erhalten.

Seed-Phrase

Sobald du zum ersten Mal mit einer Bitcoin-Wallet in Berührung kommst, wirst du feststellen, dass das Format des Private Keys überhaupt nicht dem entspricht, was ich dir zuvor aufgeführt habe. Es ist immer nur die Rede des sogenannten Seeds. Die Seed-Phrase besteht aus entweder zwölf oder 24 Wörtern und ist nichts anderes als eine Ableitung und somit Vereinfachung des Private Keys. Die Idee dahinter ist, dass es uns einfacher gelingt, 24 Wörter fehlerfrei zu notieren als eine lange Abfolge von Zeichen. Diese Idee wurde mit dem BIP-39 für Bitcoin vorgeschlagen, demokratisch angenommen und von sämtlichen Wallet-Anbietern implementiert. BIP-39 definiert eine Liste von 2.048 Wörtern, welche alle möglichst schwer zu verwechseln sind, wobei nur die jeweils ersten vier Buchstaben relevant sind. Wenn du also deine Wörter zum ersten Mal notierst, wäre es möglich, genau dies zu tun. Davon würde ich aber abraten, denn falls du plötzlich deine eigene Schrift nicht mehr erkennen kannst, oder Wasser auf das Papier kommt, kannst du mit dem ganzen Wort vielleicht einen Buchstaben aus dem Kontext besser herleiten, als wenn du nur vier Buchstaben pro Wort notiert hast.[24]

Generell solltest du dir sehr genau Gedanken darüber machen, wie du deinen Seed aufbewahren möchtest. Falls jener nur auf Papier existiert, kann dies bei Hochwasser oder einem Hausbrand fatale Folgen haben. Ich empfehle daher, die Wörter – oder eben nur die ersten vier Buchstaben der Wörter – in Metall zu stanzen. Du kannst dir das Material dazu günstig in jedem Baumarkt besorgen oder eines der zahlreichen bereits existierenden Produkte auf dem Markt bestellen, die extra für diesen Anwendungsfall gedacht sind.[25]

Hinweis: Um genau zu sein, generiert ein Seed einen Master Private Key, welcher weitere private Schlüssel untergeordnet hat. Ein Seed ermöglicht also den Zugriff auf mehrere Bitcoin-Adressen. Sei also nicht verwundert, wenn deine Hardware-Wallet beim Empfangen von Transaktionen immer wieder eine neue Adresse anzeigt. Selbstverständlich kannst du Bitcoins immer wieder an die gleiche Adresse senden, oder eben die neu angezeigten aus deinem Adressband verwenden. Diese Funktion dient einer erhöhten Sicherheit und mehr Privatsphäre.

Transaktionen signieren

Eine weitere Aufgabe einer Bitcoin-Wallet ist das Signieren von Nachrichten. Eine Transaktion ist nichts anderes als eine Nachricht. Wie wir bereits gelernt haben, ist eine der bahnbrechendsten Eigenschaften der Kryptographie, dass wir, ohne unseren Private Key preiszugeben, beweisen können, dass wir im Besitz dieses Schlüssels sind. Das bedeutet im Fall von Bitcoin, dass wir eine Transaktion

---

24 Es gibt auch Wörter mit nur drei Buchstaben, z. B. *aim, ten* oder *use*. Bei diesen sind auch nur diese drei Buchstaben relevant.

25 Zum Beispiel auf www.cryptosteel.com.

auslösen können, der Empfänger den Betrag und die Herkunftsadresse sieht, aber eben nicht unseren Private Key. Dies garantiert uns ein sicheres Partizipieren am Bitcoin-Netzwerk. Für den Sender gewährleistet es Pseudonymität[26], den Schutz des privaten Schlüssels, und für den Empfänger die Sicherheit, dass der Sender auch wirklich im Besitz der gesendeten Bitcoins ist.

Eine Nachricht im Bitcoin-Netzwerk muss aber nicht zwingend auch Werte verschieben. Es kann auch lediglich bewiesen werden, dass jemand Zugriff auf eine gewisse Adresse und somit auf die darauf liegende Anzahl an Bitcoins hat, z. B. für einen Bonitätsnachweis (Proof of Reserves).

Verschiedene Arten von Bitcoin-Wallets

Es gibt zahlreiche verschiedene Arten von Bitcoin-Wallets sowie auch diverse Anbieter und Hersteller. Hier die gängigsten:

Hardware-Wallets: Hardware-Wallets sind physische Geräte, welche dazu dienen, die privaten Schlüssel offline zu speichern. Sie sind sehr sicher, da die Private Keys das Gerät nie verlassen und somit über das Internet nicht zugänglich sind. Dies macht es Hackern beinahe unmöglich, die Schlüssel abzugreifen.

Software-Wallets: Software-Wallets sind Anwendungen, die auf deinem Computer oder Smartphone installiert werden und dir ermöglichen, Bitcoin zu verwalten. Sie können in zwei Hauptkategorien unterteilt werden:

- **Desktop-Wallets:** Diese werden auf deinem Computer installiert und bieten eine relativ hohe Sicherheit, solange dein Computer vor schädlicher Software geschützt ist.
- **Mobile-Wallets:** Diese sind für Smartphones entwickelt und bieten eine bequeme Möglichkeit, Kryptowährungen unterwegs zu verwalten.

26 Die Adressen sind zwar öffentlich einsehbar, jedoch nicht, wer dahintersteht.

Sowohl bei Desktop- als auch bei Mobile-Wallets muss aber beachtet werden, dass diese in der Regel permanent mit dem Internet verbunden sind. Somit ist die Sicherheit um einiges geringer als bei Hardware-Wallets.

Web-Wallets: Web-Wallets sind zwar einfach und bequem, bergen jedoch das Risiko, dass deine privaten Schlüssel online gespeichert werden und somit sehr anfällig für Hacks sind. Diese Art von Wallet würde ich nicht empfehlen, da man dem Betreiber die volle Kontrolle über seine Bitcoins übergibt.

Paper-Wallets: Eine Paper-Wallet ist ein physischer Ausdruck oder eine handschriftliche Notiz deiner öffentlichen und privaten Schlüssel. Es ist eine der sichersten Optionen, da sie offline und nicht mit dem Internet verbunden ist. Paper-Wallets bergen jedoch das Problem der Generierung. Wenn du ein Online-Tool verwendest, um deine eigene Paper-Wallet zu erstellen, musst du diesem Anbieter vertrauen, dass er nicht mitliest. Auch diese Option würde ich einem Anfänger nicht empfehlen.

Multisignatur-Wallets: Diese Wallets erfordern mehrere private Schlüssel, um eine Transaktion zu autorisieren, z. B. zwei von drei. Sie bieten ein zusätzliches Maß an Sicherheit und sind nützlich für Unternehmen und Organisationen. Tendenziell auch eher etwas für fortgeschrittene Nutzer.

Brain-Wallets: Brain-Wallets sind Wallets, bei denen die privaten Schlüssel aus einem vom Benutzer gewählten Passwort abgeleitet werden. Sie erfordern jedoch äußerste Vorsicht, da sie anfällig für Angriffe sind, bei denen ein Angreifer durch das Ausprobieren aller möglichen Passwortkombinationen versucht, Zugang zu den Bitcoins in der Wallet zu erlangen. Dies nennt man einen Brute-Force-Angriff. Der Vorteil von Brain-Wallets liegt darin, dass dein Private Key nirgendwo aufgeschrieben ist und somit auch niemand außer dir Zugriff hat. Der größte Nachteil ist, dass deine Bitcoins beim Vergessen des Passworts für immer verloren sind. Natürlich könnte man sich auch die zwölf oder 24 Seed-Wörter merken, jedoch birgt dies ein sehr großes Risiko, alle Bitcoins zu verlieren, z. B. bei Gedächtnisverlust.

Die wohl wichtigste Differenzierung bei Bitcoin-Wallets ist der Unterschied zwischen Hot- und Cold-Wallets. **Hot-Wallets** sind Wallets, bei welchen der Private Key so gespeichert ist, dass er über das Internet theoretisch zugänglich wäre. Wenn du dir z. B. eine Desktop-Wallet zulegst und über diese Bitcoin-Transaktionen abwickelst, muss dir stets bewusst sein, dass dein Private Key auf deinem Rechner gespeichert ist. Dieser ist, zumindest beim Herunterladen der Software oder eines Updates, mit dem Internet verbunden. Bei einer Wallet-Applikation auf deinem Smartphone ist der Private Key ebenfalls auf deinem Gerät gespeichert, welches mit dem Internet verbunden ist.

Bei einer **Cold-Wallet** trennt man den Private Key bewusst vom Internet ab. Das bedeutet, dass bei einer Hardware-Wallet der Private Key das spezifische Gerät nie verlässt. Lediglich die Signatur kommt auf deinem Rechner oder Smartphone an und wird übers Internet gesendet. Wie wir gelernt haben, kann die Signatur den Besitz deines Private Keys bestätigen, jedoch kann von der Signatur nicht auf den Private Key zurückgeschlossen werden. Diese Art von Wallet bietet die höchste Sicherheit und sollte bei größeren Bitcoin-Positionen immer verwendet werden. Im dritten Teil des Buches findest du eine Auflistung der Produkte, welche ich selbst in Betrieb habe oder empfehle.

Nodes

Eine Bitcoin-Node ist ein Knotenpunkt im Bitcoin-Netzwerk. Wer sich die aktuelle Software von bitcoin.org herunterlädt und die Blockchain aktualisiert[27], agiert als Node, solange diese mit dem Netzwerk verbunden ist. Der Nutzen liegt darin, dass man niemandem vertrauen muss, sondern alle Geschehnisse im Bitcoin-Netzwerk eigenständig verifizieren kann. Daher rührt auch die im Bitcoin-Space bekannte Aussage:

27 Ca. 650 GB, Stand März 2024.

> *Don't trust, verify!*

> *Vertraue nicht, verifiziere!*

Die Hauptaufgaben von Bitcoin-Nodes sind:

Transaktionsverifizierung: Nodes empfangen, überprüfen und leiten Transaktionen weiter. Sie prüfen, ob Transaktionen den Regeln des Netzwerks entsprechen, z. B. ob die digitalen Signaturen gültig sind und ob die erforderlichen Bitcoin-Beträge vorhanden sind. Eine ungültige Transaktion wird nicht weitergeleitet und landet somit auch nicht im Mempool, wo die Miner diese aufgreifen könnten.

Blockverifizierung: Nodes überprüfen auch neue Blöcke, die von Minern erstellt wurden. Sie stellen sicher, dass die Blöcke und die darin enthaltenen Transaktionen den Netzwerkregeln entsprechen. Dies verhindert betrügerische Aktivitäten wie das doppelte Ausgeben von Bitcoins. Wird ein Block als gültig befunden, wird dieser an andere Nodes weitergeleitet und an die gespeicherte Blockchain angeknüpft.

Erhaltung der Blockchain: Jede Fullnode[28] speichert eine Kopie der gesamten Blockchain, die alle jemals getätigten Transaktionen enthält. Sie gewährleisten die Redundanz und Dezentralisierung des Systems, was bedeutet, dass das Netzwerk auch dann weiter funktionieren kann, wenn Teile davon ausfallen.

Netzwerk-Konsens: Nodes tragen zur Erreichung des Netzwerk-Konsenses bei. Obwohl Miner neue Blöcke erstellen, sind es die Nodes, die darüber entscheiden, ob ein Block akzeptiert wird. Würde ein Miner einen ungültigen Block erstellen und im Netz verbreiten, würde dieser von den Nodes, genau wie eine ungültige Transaktion, nicht weiterverbreitet werden, wodurch kein anderer Miner darauf aufbauen könnte und der Block somit verwaist.

---

28 Es gibt auch noch andere Arten von Nodes, z. B. Lightweight Nodes, welche nicht die ganze Blockchain gespeichert haben.

Sicherheit und Unveränderlichkeit: Durch das Prinzip, dass jede Node eine Kopie der Blockchain hat und unabhängig Transaktionen und Blöcke prüft, wird die Sicherheit und Unveränderlichkeit des Netzwerks gewährleistet. Betrug oder Fälschungen sind fast unmöglich, da jede Änderung von der Mehrheit der Nodes akzeptiert werden müsste.

Dezentralisierung: Bitcoin-Nodes tragen zur Dezentralisierung des Netzwerks bei. Da es keine zentrale Autorität gibt, die Transaktionen oder Blöcke kontrolliert, erhöht die Verteilung und Vielfalt der Nodes die Widerstandsfähigkeit des Netzwerks gegen Angriffe und Ausfälle.

Bitcoin ist nicht nur das erste großflächig akzeptierte dezentrale Geldsystem, sondern auch frei von Korruption. Jeder mit einem kleinen Rechner und einer Festplatte kann die Bitcoin-Software selbst betreiben und die gesamte Transaktionshistorie in Form der Bitcoin-Blockchain speichern. Jede Transaktion und jeder Block können überprüft werden. Egal ob von heute, gestern oder von vor zehn Jahren.

Mempool

Der Memory Pool, kurz Mempool, ist ein Sammelbecken für unbestätigte Bitcoin-Transaktionen. Wann immer eine Bitcoin-Transaktion von einem Sender ausgelöst wird, ist diese in der Regel sofort beim Empfänger zwar sichtbar, aber noch nicht bestätigt. Natürlich setzt dies die Gültigkeit dieser Transaktion voraus, denn wie wir bereits gelernt haben, verbreiten Nodes nur gültige Bitcoin-Transaktionen, welche den Netzwerkregeln entsprechen und wo der Bitcoin-Kontostand für die entsprechende Transaktion auch stimmt. Jede Node hat ihren eigenen Mempool, da die Nodes untereinander nicht perfekt synchronisiert sind. Sie teilen sich aber Inhalte und tauschen sich untereinander über den Stand aus.

Wie viele Bitcoin-Transaktionen im Mempool liegen, bis Miner diese in Blöcke integrieren, hängt von verschiedenen Faktoren ab. Grundsätzlich füllt sich der Mempool, wenn viele Transaktionen ausgeführt

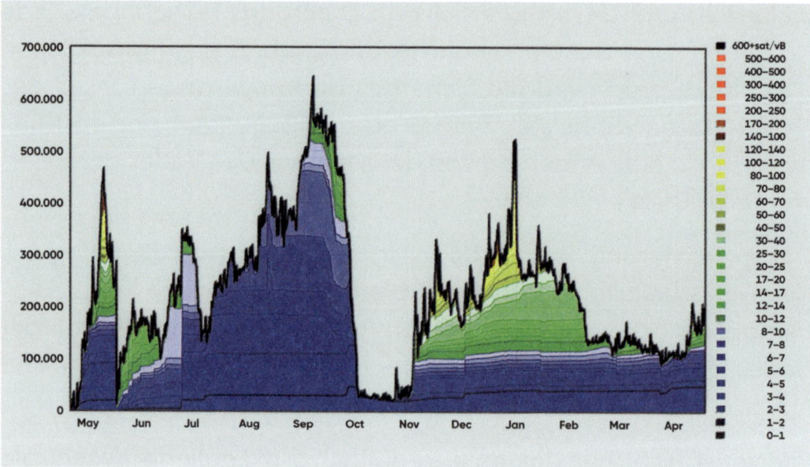

Abbildung 18 Anzahl an Bitcoin-Transaktionen im Mempool (jochen-hoenicke.de), Stand April 2024

werden. Der Speicherplatz in einem Bitcoin-Block ist begrenzt – was auch so sein muss, um die Dezentralität gewährleisten zu können. Wäre dies nicht der Fall und Blöcke würden immer größer, würden Netzwerkteilnehmer mit schlechten Internetverbindungen ausgeschlossen. Dies ist nicht im Interesse von Bitcoin und auch keine nachhaltige Lösung. Anhand des Mempools kann man gut ablesen, wie teuer es ist, eine Bitcoin-Transaktion zu versenden. Hierzu empfehle ich dir die Webseite https://mempool.space/.

https://mempool.space

Gebühren

Die Art und Weise, wie die Gebührenstruktur bei Bitcoin funktioniert, ist ein weiterer Beweis für einen perfekten Regelkreis. Das Verständnis dieser Struktur ist wichtig und kann viele Fragen beantworten.

Grundsätzlich ist die Gebührenstruktur von Bitcoin mit einer Auktion zu vergleichen. Netzwerkteilnehmer, die eine Transaktion ausführen möchten, bieten um einen Platz in einem Block. Eine Transaktion, welche nur im Mempool aufgeführt ist, hat noch keinen Wert. Zwar sieht ein Empfänger diese sofort, aber die Bestätigungen, also die Integration in einen gültigen Block, macht die Transaktion für den Empfänger erst sicher und unveränderbar. Als Empfänger ist es also gängig, Waren oder Dienstleistungen erst auszuhändigen, wenn die Transaktion schon etwas tiefer in der Blockchain verankert ist. Die Gebühren steigen, wenn viele das Netzwerk gleichzeitig nutzen wollen. Jetzt stellt sich noch die Frage, wie man die Priorität einer Bitcoin-Transaktion gewichtet. Die meisten Bitcoin-Wallets bieten drei Optionen an. *Fast* für schnell, *Medium* für mittelschnell und *Slow* für langsam. Wenn die Transaktion also nicht dringend ist, wird der Transaktion von der Wallet automatisch nur eine minimale Gebühr mitgegeben. Wenn es schnell gehen muss, dann überbietet die Wallet für diese Transaktion die Mehrheit der bereits existierenden Transaktionen im Mempool, um schnell in einen Block integriert zu werden.

Die Gebühren im Bitcoin-Netzwerk sind aus mehreren Gründen wichtig. Zum einen bieten sie einen Spam-Schutz. Es gibt zahlreiche Kryptowährungen, die versucht haben, mit einer Null-Gebühren-Struktur zu punkten, und gescheitert sind.[29] Wenn eine Transaktion in einem Netzwerk nichts kostet, hält es niemanden davon ab, das Netzwerk mit unendlich vielen Transaktionen bis zu einem Kollaps zu fluten. Auch bieten die Gebühren Anreize für die Bitcoin-Miner, welche die Sicherheit des Netzwerks durch ihre Rechenleistung garantieren. Würden Bitcoin-Miner nichts verdienen, würden sie auch keine Rechenleistung zur Verfügung stellen.

---

29 z. B. IOTA.

Miner

Wahrscheinlich hast du bereits etwas über das Schürfen von Bitcoin gehört, das sogenannte Bitcoin-Mining. Gerade in den Medien wird dieser Prozess oft mit dem Schürfen von Gold oder mit dem Lösen komplexer Rechenaufgaben beschrieben. Bitte vergiss diese Analogien. In der Realität hat Bitcoin-Mining nichts mit dem Schürfen von Gold zu tun. Auch lösen Bitcoin-Miner keine Puzzles, wie so oft beschrieben. Es basiert vielmehr auf einem digitalen Verfahren, das für die Sicherheit und Funktion des Bitcoin-Netzwerks essenziell ist, dem Proof of Work.

Proof of Work

Bitcoin-Mining ist Proof of Work, also der Beweis, Arbeit geleistet zu haben. Doch warum muss ein Bitcoin-Miner überhaupt Arbeit leisten, um einen Block zu finden und somit Transaktionen zu bestätigen? Ganz einfach, wäre nämlich keine Arbeit notwendig, dann könnte jeder mit einem gewöhnlichen Rechner Bitcoin-Blöcke finden und Transaktionen bestätigen. Das Netzwerk würde im Chaos versinken. Es braucht eine klare Struktur, von wem und wie oft ein gültiger Block gefunden werden darf. Der Miner, der die meiste Arbeit leistet, hat die größte Chance, den nächsten gültigen Block zu finden und die Gebühren zu erhalten. Im ersten Teil haben wir gelernt, dass das Schaffen von Geld aus dem Nichts langfristig nicht funktioniert. Damit ein Geld nicht unter starkem Wertverlust leidet, wie es bei unseren Fiat-Währungen der Fall ist, muss in irgendeiner Form physische Arbeit aufgewendet werden, um es zu erzeugen. Neue Bitcoins können von den Minern nur mit enormem Energieaufwand erzeugt werden. Dies macht Bitcoin zu hartem Geld. Auch könnte die Blockchain willkürlich verändert werden, wenn es eben nicht diesen immensen Aufwand erfordern würde. Um es noch verständlicher zu machen, hier das wohl prägnanteste Beispiel: Um einen Eintrag im ersten Bitcoin-Block zu verändern, müsste der gesamte Energieaufwand, der jemals für Bitcoin aufgebracht worden ist über die letzten ca. fünfzehn Jahre, noch einmal aufgewendet werden. Dies ist ein Ding der Unmöglichkeit und praktisch nicht umsetzbar. Nur theoretisch betrachtet wäre ein solches Vorhaben für den Angreifer wirtschaftliche Selbstzerstörung, denn ein solcher Angriff auf das Netzwerk würde Bitcoin wertlos machen. Weder praktisch noch theoretisch betrachtet wäre ein solches Vorhaben umsetzbar oder in irgendeiner Weise sinnvoll. Das einzig wirtschaftlich Sinnvolle bei der Teilnahme am Bitcoin-Mining-Prozess ist die Einhaltung der Regeln, um an den Transaktionsgebühren und den frisch ausgeschütteten Bitcoins zu verdienen.

Bitcoin-Halving & maximale Anzahl

Wie du mittlerweile bereits weißt, ist die maximale Anzahl an Bitcoins, welche je existieren werden, knapp 21 Millionen. Doch wie kommt dies zustande und wie wird gewährleistet, dass es nie mehr als diese Anzahl geben wird? An dieser Stelle müssen wir auf zwei neue Konzepte eingehen, welche diese Gesamtmenge ausmachen und garantieren. Das Bitcoin-Halving und die Coinbase-Transaktion.

Die Ausschüttung neuer Bitcoins findet in sogenannten Epochen statt, welche sich in Abständen von ca. vier Jahren verändern und durch das Bitcoin-Halving eingeläutet werden. Um genau zu sein, werden diese vier Jahre nicht zeitlich gemessen, so wie wir es kennen, sondern es wird in Blockzeit gerechnet. Exakt alle 210.000 Blöcke tritt das Bitcoin-Netzwerk in eine neue Epoche ein. 210.000 Blöcke à zehn Minuten ergibt ungefähr vier Jahre. Die Ausschüttung für einen gefundenen Block betrug in der ersten Epoche fünfzig Bitcoin. In der zweiten 25; in der dritten 12,5; in der vierten 6,25 usw. Dieser Prozess wiederholt sich, bis im Jahr 2140 keine neuen Bitcoins mehr ausgeschüttet werden. Dies bedeutet aber nicht, dass Bitcoin-Miner ab 2140 nichts mehr am Mining-Prozess verdienen werden. Ein Miner erhält für einen gefundenen und gültigen Block nicht nur die frisch ausgeschütteten Coins, sondern auch sämtliche Transaktionsgebühren der inkludierten Transaktionen.

BITCOIN-HALVING-BLOCKBELOHNUNG
VON 50 BITCOIN ZU EINEM SATOSHI

Genesis	–	Blockbelohnung	50
2012 Halving	–	Blockbelohnung	25
2016 Halving	–	Blockbelohnung	12.5
2020 Halving	–	Blockbelohnung	6.25
2024 Halving	**–**	**Blockbelohnung**	**3.125** **WIR SIND HIER**
2028 Halving	–	Blockbelohnung	1.5625
2032 Halving	–	Blockbelohnung	0.78125
2036 Halving	–	Blockbelohnung	0.390625
2040 Halving	–	Blockbelohnung	0.1953125
2044 Halving	–	Blockbelohnung	0.09765625
2048 Halving	–	Blockbelohnung	0.04882812
2052 Halving	–	Blockbelohnung	0.02441406
2056 Halving	–	Blockbelohnung	0.01220703
2060 Halving	–	Blockbelohnung	0.00610351
2064 Halving	–	Blockbelohnung	0.00305175
2068 Halving	–	Blockbelohnung	0.00152587
2072 Halving	–	Blockbelohnung	0.00076293
2076 Halving	–	Blockbelohnung	0.00038146
2080 Halving	–	Blockbelohnung	0.00019073
2084 Halving	–	Blockbelohnung	0.00009536
2088 Halving	–	Blockbelohnung	0.00004768
2092 Halving	–	Blockbelohnung	0.00002384
2096 Halving	–	Blockbelohnung	0.00001192
2100 Halving	–	Blockbelohnung	0.00000596
2104 Halving	–	Blockbelohnung	0.00000298
2108 Halving	–	Blockbelohnung	0.00000149
2112 Halving	–	Blockbelohnung	0.00000074
2116 Halving	–	Blockbelohnung	0.00000037
2120 Halving	–	Blockbelohnung	0.00000018
2124 Halving	–	Blockbelohnung	0.00000009
2128 Halving	–	Blockbelohnung	0.00000004
2132 Halving	–	Blockbelohnung	0.00000002
2136 Halving	–	Blockbelohnung	0.00000001
2140 Halving	–	Blockbelohnung	0

1 Bitcoin = 100 Millionen Satoshis

Wenn wir die Belohnungen für das Bitcoin-Mining über alle Epochen aufsummieren, entwickelt sich die Anzahl der sich im Umlauf befindenden Bitcoins wie folgt:

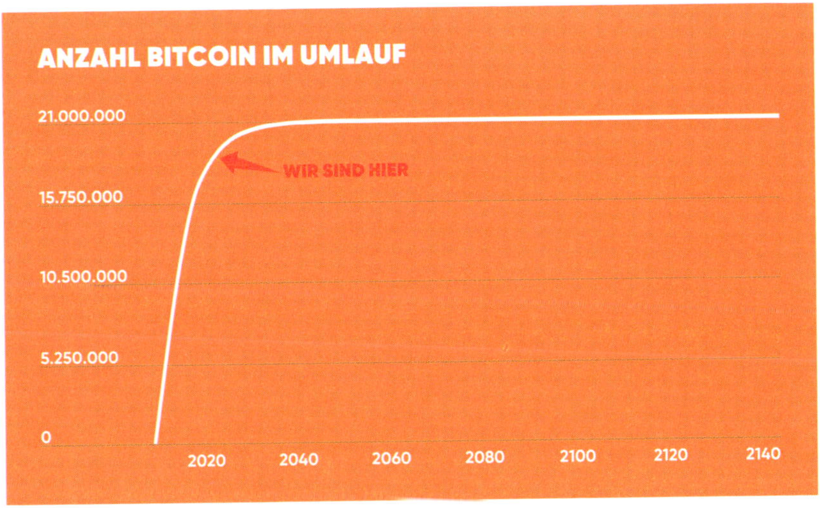

Wir können sofort erkennen, dass die Inflation von Bitcoin abnimmt. Die Stock-to-Flow-Ratio, also das Verhältnis zwischen den bereits existierenden Coins und den nachkommenden wird immer größer. Genau dies braucht ein hartes Geld, um Kaufkraft in die Zukunft transportieren zu können. Im Vergleich zu unseren Fiat-Währungen, bei welchen die Inflation von den Zentralbanken und Regierungen bestimmt wird, haben wir bei Bitcoin eine klare Struktur. Für mich persönlich ist dies eines der stärksten Argumente für die Geldpolitik von Bitcoin. Es gibt kein anderes Geld auf dieser Welt, bei dem die Inflation zu jedem Zeitpunkt genau vorgegeben ist. Egal ob in der Vergangenheit, Gegenwart oder sogar in der Zukunft, wir wissen immer exakt, wie hoch die Inflation bei Bitcoin war, ist und sein wird. Dies gibt uns Sicherheit und garantiert, dass unsere Kaufkraft in der Zukunft nicht plötzlich durch z. B. politische Entscheidungen stark inflationiert wird.

Coinbase-Transaktion

Die Coinbase-Transaktion ist die erste Transaktion in einem Bitcoin-Block, welche von einem Miner eingepflegt wird. Sie ist eine Auszahlung an den Miner selbst. Also ja, Bitcoin-Miner zahlen sich selbst aus. Doch wie wird gewährleistet, dass sich ein Miner nicht zu viele Bitcoins ausbezahlt? Ganz einfach, es würde nicht den Regeln entsprechen. Der Miner hat keinen Anreiz, dies zu versuchen, denn sein Block würde vom Netzwerk als ungültig empfunden und nicht weitergeleitet werden. Wie wir bei unserem einfachen Beispiel zur Dezentralität gesehen haben, ist es nicht möglich, in einem solchen System zu betrügen. Niemand im Netzwerk würde einen solchen Block berücksichtigen und der Miner hätte vergebens seine Rechenleistung für das Netzwerk aufgewendet.

Der Mining-Prozess

Der Bitcoin-Mining-Prozess ist ein Wettstreit aller Bitcoin-Mining-Pools, den nächsten gültigen Block zu finden. Je mehr Rechenleistung, desto höher die Wahrscheinlichkeit. Ein gültiger Block ist nichts anderes als ein SHA-256-Hash der ausgewählten Bitcoin-Transaktionen aus dem Mempool, wo der daraus resultierende Hashwert eine gewisse Anzahl Nullen am Anfang des Strings aufweist. Die Miner machen also nichts anderes, als den ganzen Tag Rechenleistung aufzuwenden, um aus den gewünschten Transaktionen und einer Nonce (einem Zähler, der den Ausgabehash verändert) Hashes zu generieren. Aufgrund der Wirtschaftlichkeit widmen sie sich meist jenen Transaktionen mit den höchsten mitgegebenen Gebühren. Die Hashes sollen dabei der Bedingung mit den führenden Nullen gerecht werden. Um zu verstehen, was genau beim Mining-Prozess passiert, hier eine kleine Aufgabe:

1. Öffne im Internet einen SHA-256-Rechner (www.sha-generator.de).

www.sha-generator.de

2. Füge die unten stehenden Transaktionen genauso als Input ein.
3. Starte bei der Nonce 1 und generiere einen Hash.
4. Ändere nun die Nonce auf 2, dann 3 usw., bis du eine Null am Anfang des Strings siehst.

Alice an Bob 1 BTC

Bob an Charlie 0,071 BTC

Carol an Alice 0,0111 BTC

Nonce: 1

Gratuliere! Sobald du einen Hash generiert hast, bei welchem eine Null am Anfang des Strings steht, hättest du jetzt einen gültigen Block gefunden, wäre die Schwierigkeit (Difficulty) auf dem Minimum. Genau diesen Prozess führt ein Bitcoin-Miner immer und immer wieder durch, nichts anderes. Natürlich ist die Schwierigkeit im Bitcoin-Netzwerk mit der stetig steigenden Rechenleistung viel höher. Wenn du ein Gespür dafür bekommen willst, wie oft dieser Prozess wiederholt wird, bis ein gültiger Block gefunden wird, kannst du als Zusatzaufgabe versuchen, einen Hash mit zwei oder sogar drei führenden Nullen zu erzeugen. Bevor du dich aber in diese Aufgabe stürzt, muss ich dich warnen, denn dieser Prozess wird manuell ausgeführt sehr lange dauern. Mit jeder weiteren führenden Null wird die Dauer, um einen gültigen Block zu finden, exponentiell ansteigen. Genau gesagt wird das Problem für jede weitere Stelle in der Hexadezimaldarstellung sechzehnmal schwieriger.

Difficulty-Adjustment

Das Difficulty-Adjustment[30] ist aus mehreren Gründen ein sehr wichtiges Konzept für das Bitcoin-Netzwerk. Zum einen garantiert es, dass die Zwischenankunftszeit der Blöcke im Durchschnitt zehn Minuten beträgt. Sobald mehr Rechenleistung an das Netzwerk angeschlossen wird, werden mehr Hashes pro Sekunde generiert. Gültige Blöcke werden demnach schneller gefunden. Immer nach 2.016 Blöcken[31] korrigiert Bitcoin die Schwierigkeit; es müssen bei steigender Rechenleistung nun also mehr Nullen gefunden werden. Wird dem Netzwerk Rechenleistung entzogen, dauert es nun im Schnitt länger als zehn Minuten, gültige Blöcke zu finden. Das Netzwerk korrigiert auch in diesem Fall, jedoch wird nun die Schwierigkeit nach unten gesetzt, und es müssen Hashes mit weniger führenden Nullen gefunden werden, um einen Block als gültig deklarieren zu können. Auch hier wieder ein perfekter Regelkreis. Egal ob die Rechenleistung im Netzwerk wächst oder sinkt, Bitcoin korrigiert die Schwierigkeit ohne äußere Einflüsse und garantiert somit die zehnminütige Zwischenankunftszeit der Blöcke.

Das Difficulty-Adjustment trägt durch die Konstanthaltung der Blockzeit auch zur Dezentralität und Sicherheit des Netzwerks bei. In einem Szenario, bei welchem der Bitcoin-Preis stark fällt, wird es für gewisse Miner ab einem gewissen Punkt unrentabel, Bitcoin zu schürfen. Sie müssen ihre Tätigkeit aufgeben. Durch eine Schwierigkeitsanpassung nach unten wird das Mining wieder profitabler und die gleichen oder neue Akteure schließen ihre Rechenleistung an. So tragen sie zur Sicherheit des Netzwerks bei.

---

30 Schwierigkeitsanpassung.

31 2.016 Blöcke entsprechen ca. vierzehn Tagen.

ASIC

Zur Anfangszeit von Bitcoin konnten gültige Blöcke noch mit gewöhnlichen Laptops gefunden werden. Wenn die Hashrate im Netzwerk sehr tief ist, weil nur wenige am Bitcoin-Schürfen interessiert sind, ist die Schwierigkeit, einen neuen Block zu finden, gering. Steigt der Bitcoin-Preis, sind immer mehr an diesem Prozess interessiert und schließen ihre Geräte an. Irgendwann waren die gewöhnlichen Rechner zu langsam und man hat sich sogenannte GPU-Rigs gebaut, um noch profitabel am Bitcoin-Mining-Prozess teilnehmen zu können. Aber auch die Hochleistungsgrafikkarten waren ab einem gewissen Punkt zu langsam und die Produktion von ASICs wurde eingeläutet. ASIC bedeutet Application Specific Integrated Circuit. Es handelt sich um einen applikationsspezifischen Chip, der nur genau eine Aufgabe erledigen kann, und zwar das Hashen von Blöcken gefüllt mit Bitcoin-Transaktionen, bis ein gültiger Block gefunden wird. Diese Geräte sind, wenn sie luftgekühlt sind, extrem laut, dafür aber sehr leistungsfähig. Um das Ganze zu verdeutlichen, hier ein Beispiel:

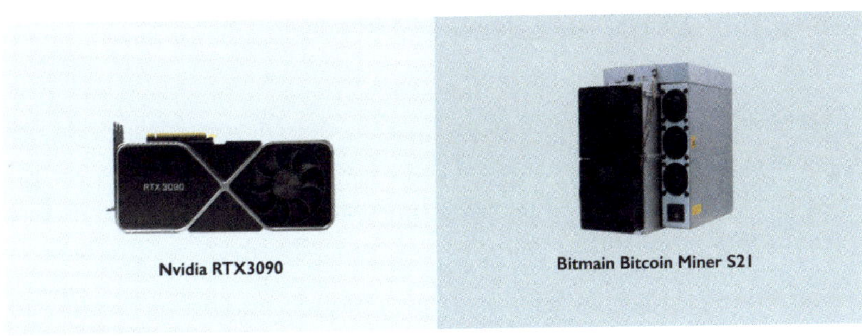

Abbildung 19 Nvidia RTX3090 und Bitmain Bitcoin Miner S21

Die Preise beider Geräte können je nach Markt stark variieren, jedoch bewegt sich dieser ASIC von Bitmain im Bereich von 4.000 $. Das ist ungefähr das Dreifache der abgebildeten Grafikkarte von Nvidia. Die Grafikkarte schafft ca. 100 Millionen Hashes pro Sekunde. Der S21 bewerkstelligt ca. 200 Billionen Hashes. Das bedeutet, dass der abgebildete ASIC ca. zwei Millionen Mal leistungsfähiger ist als die GPU von Nvidia, wenn es um das Erzeugen von SHA-256-Hashes geht.

Block

Ein Bitcoin-Block ist eine Zusammenfassung oder Liste an Bitcoin-Transaktionen. Folgende Informationen werden in einem Bitcoin-Block aufgeführt und gespeichert:

Block-Header: Der Block-Header enthält wichtige Informationen über den Block:

> **Version:** Gibt die Version des Blockformats an.
>
> **Vorheriger Blockhash:** Dies ist ein Referenzhash, der auf den unmittelbar vorherigen Block in der Blockchain verweist. Er stellt die Verbindung in der Blockchain her und trägt zur Unveränderbarkeit und somit Sicherheit der Blockchain bei.
>
> **Merkle-Root:** Ein Hash, der alle Transaktionen im Block repräsentiert. Er wird aus den Hashes aller Transaktionen im Block durch einen Prozess erstellt, der als Merkle-Baum bekannt ist.
>
> **Zeitstempel:** Gibt den ungefähren Zeitpunkt der Erzeugung des Blocks an.
>
> **Bits:** Ein Feld, das die aktuelle Ziel-Schwierigkeit für einen neuen Block angibt.
>
> **Nonce:** Eine Zahl, die Miner im Prozess des Mining verändern, um einen gültigen Block zu erzeugen, der den aktuellen Schwierigkeitsanforderungen entspricht. Jene, die wir im Beispiel mit dem SHA-256-Generator manuell hochgezählt haben.

Transaktionszähler: Anzahl an Transaktionen in diesem Block.

Transaktionen:

> **Coinbase-Transaktion:** Die erste Transaktion in einem Block. Sie wird vom Miner selbst erstellt und schreibt ihm die aktuelle Blockbelohnung und alle Transaktionsgebühren der im Block enthaltenen Transaktionen zu.
>
> **Weitere Transaktionen:** Alle anderen Transaktionen im Block sind Transaktionen, die von Benutzern des Netzwerks übermittelt wurden. Jede Transaktion enthält Eingänge (Inputs), die

auf frühere Transaktionsausgänge verweisen, und Ausgänge (Outputs), die angeben, wie viele Bitcoins an welche Adressen gesendet werden sollen.

Obwohl ein Bitcoin-Block üblicherweise auf 1 MB begrenzt ist, erlauben es clevere Anpassungen wie Segregated Witness (SegWit)[32], mehr Transaktionen aufzunehmen, indem sie anders strukturiert werden. So kann ein Block effektiv bis zu 4 MB an Daten enthalten. Diese Innovationen helfen, das Netzwerk flüssig und zugänglich zu halten, ohne die Sicherheit zu beeinträchtigen.

Blockchain

Die Blockchain ist eine Aneinanderkettung von Blöcken. Wie bereits erwähnt ist der Begriff Blockchain gerade bei Laien stark überbewertet. Eine Blockchain allein bedeutet nichts. Nur wenn ihre Unveränderbarkeit durch Proof of Work und sämtliche andere Mechanismen im Bitcoin-Netzwerk gewährleistet ist. Auf die Gefahr hin, mich zu wiederholen: Es ist die Kombination verschiedener Elemente bei Bitcoin, die zum Erfolg geführt haben. Zum ersten Mal in der Geschichte der Menschheit ist es uns gelungen, dezentrales, demokratisch gesteuertes, vollautomatisiertes und digitales Geld zu erschaffen, welches unsere Kaufkraft erfolgreich in die Zukunft transportieren kann. Genauso wie es mit dem Internet seinen Lauf genommen hat, dass sich private Lösungen nicht durchgesetzt haben, so wird es auch bei Bitcoin sein. Also bitte lass dir keine private Blockchain-Lösung aufschwatzen.

Kleiner Sidefact: Das Wort „Blockchain" wird im Bitcoin Whitepaper nicht ein einziges Mal erwähnt!

---

32 Einführung im Jahr 2017.

LERNKONTROLLE

Bevor wir zu den Angriffsvektoren und der meist unberechtigten Kritik an Bitcoin kommen, eine kleine Lernkontrolle. Ich selbst habe diese Lernkontrollen nie gemocht und dennoch können sie durchaus hilfreich sein. Auf der folgenden Seite findest du noch einmal den kompletten Ablauf einer Bitcoin-Transaktion, jedoch ohne Hilfstexte. Teste dich selbst und überlege dir, ob du die Aufgaben und die Prozesse jedes Netzwerk-Teilnehmers kennst. Falls du dir an einem Punkt nicht sicher bist oder unbeantwortete Fragen hast, weißt du, wo du nach diesem Buch ansetzen musst, um dein Wissen über Bitcoin weiter aufzubauen. Ich selbst lerne auch nach über sieben Jahren mit Bitcoin immer noch stetig Neues dazu.

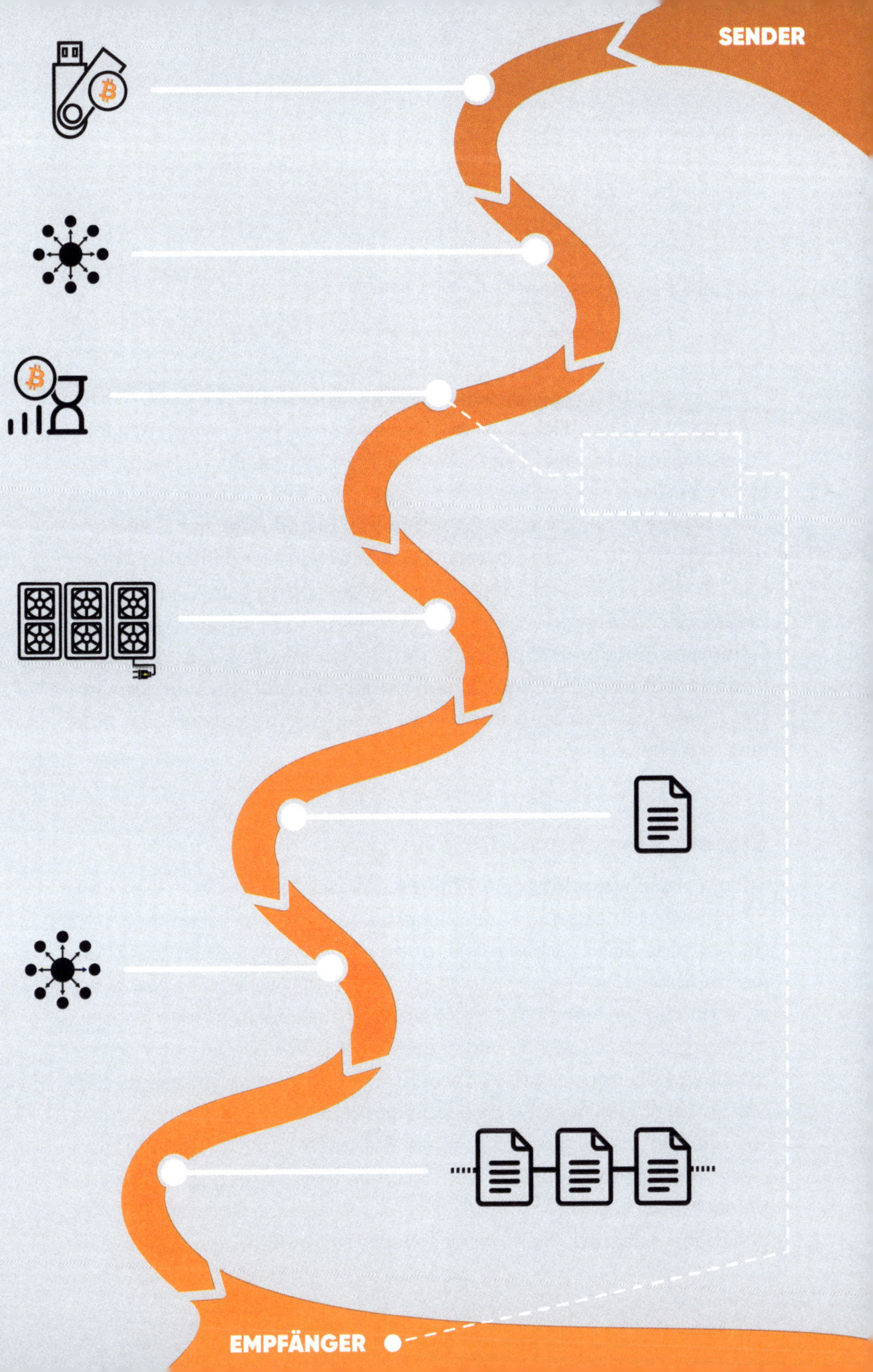
SENDER
EMPFÄNGER

ANGRIFFE UND KRITIK

Bestimmt hast du selbst schon Kritikpunkte an Bitcoin gehört oder hast noch Zweifel. Das ist auch gut so. Kritisches Denken ist wichtig und bringt uns alle weiter. Auch Bitcoin. Würde Bitcoin nicht täglich hinterfragt und angegriffen, wären wir nicht da, wo wir heute stehen. Jede Kritik und jeder Angriff gegen Bitcoin, welcher überstanden wird, macht Bitcoin stärker. Es waren einige – und Bitcoin ist noch hier. In diesem Kapitel möchte ich auf die gängigsten Argumente gegen Bitcoin eingehen. Eins noch vorweg: In allen mir bekannten Fällen sind Bitcoin-Gegner nicht genügend informiert. Erfahrungsgemäß legt sich die Skepsis, sobald jemand Bitcoin wirklich versteht; viele werden zu Befürwortern oder nehmen zumindest eine neutrale Haltung ein.

Bitcoin verschwendet Energie

Bitcoin verschwendet keine Energie, sondern nutzt diese bewusst. Bitcoin nutzt Energie, um ein sicheres, faires, demokratisches und dezentrales Zahlungsnetzwerk ohne Korruption aufrechtzuerhalten. Je höher der Preis, desto mehr Anreiz für Miner, das Netzwerk zu schützen. Je mehr Wert das Netzwerk hat, desto stärker wird es aufgrund der wirtschaftlichen Anreize geschützt. Bitcoin nutzt immer genauso viel Energie, wie es braucht. Ein perfekter Regelkreis. In den Medien wird der Stromverbrauch von Bitcoin oft mit dem von ganzen Ländern verglichen, aber diese Beispiele sind irreführend. Man stelle sich vor, wir würden den Stromverbrauch von Weihnachtsbeleuchtung heranziehen, um diesen mit ganzen Ländern zu vergleichen – absurd, nicht wahr? Noch seltener finden wir solche

Gegenüberstellungen mit dem traditionellen Finanzsystem, das in seiner Komplexität und seinem Ressourcenaufwand oft unterschätzt wird. Ein sachlicher Vergleich würde zeigen, dass Bitcoin heute, konfrontiert mit dem traditionellen Bankenwesen, eine bemerkenswert effiziente Alternative darstellt. Doch es scheint, als ob der Druck und Einfluss etablierter Finanzakteure oft zu einer einseitigen und unvollständigen Analyse führt, die speziell Bitcoin ins Visier nimmt. Warum wohl? Es ist kaum zu leugnen, dass hinter dieser verzerrten Darstellung Interessen stehen, die den bestehenden finanziellen Machtkonstellationen zuarbeiten. Bitcoin steht für weit mehr als nur eine digitale Währung. Es repräsentiert eine Vision von Freiheit und Selbstbestimmung im finanziellen Sektor. Und die Geschichte hat uns mehr als einmal gelehrt, dass wahre Freiheit selten ohne Widerspruch bleibt, besonders von denen, die vom aktuellen System profitieren.

Es gibt mittlerweile zahlreiche Studien[33], welche sogar belegen, dass die Herstellung von Bitcoin nicht nur mehrheitlich aus Quellen erneuerbarer Energien stammt, sondern diese auch fördert. Die Problematik bei z. B. Wind-, Wasser-, und Solarkraft sind die starken Schwankungen bei der Verfügbarkeit. Bitcoin kann hier Abhilfe schaffen. Bei überflüssigem Strom, welcher keine Verwendung findet und einfach in Wärme umgewandelt werden würde, können Bitcoin-Miner das Stromnetzwerk stabilisieren. Ist zu viel Strom da, werden Miner eingeschaltet und Bitcoin geschürft. Ist zu wenig Strom da, z. B. für die Haushalte der Bevölkerung, werden die Miner ausgeschaltet. Dies findet bereits Anwendung im Stromnetz des Bundesstaates Texas, USA.

Skalierungsproblem

Tatsächlich hat Bitcoin ein Skalierungsproblem. Wie wir gelernt haben, sind die Bitcoin-Blöcke im Speicherplatz begrenzt und es kann nur eine gewisse Anzahl Transaktionen pro Zeiteinheit durchgeführt werden. Diese Anzahl von ca. vierzehn Transaktionen pro Sekunde reicht

33 Beispiel: Report 2023 KPMG: Bitcoin's role in the ESG imperative.

nicht einmal im Ansatz aus, um von einem globalen Zahlungsnetzwerk zu sprechen. Durch eine Vergrößerung der Blöcke, und somit mehr Speicherplatz, könnte dies verbessert werden. Diese Option ist aber nicht nachhaltig, da die Blockgröße so weit aufgebläht werden müsste, dass die Dezentralität und die Sicherheit von Bitcoin darunter leiden würden. Bereits Satoshi hat dies sehr früh erkannt und uns gewisse Hinweise hinterlassen. Im Jahr 2015 wurde von Joseph Poon und Thaddeus Dryia dazu eine mögliche Lösung präsentiert: das Lightning Network. Das Lightning Network lagert Transaktionen von der Bitcoin-Blockchain auf eine zweite Ebene aus. Diese Lösung ist ideal für kleinere Transaktionen. Immer wenn Bitcoins in das Lightning Network überschrieben oder wieder zurückgeschrieben werden, erfordert dies zwar jeweils eine Bitcoin-Transaktion auf der Hauptebene, jedoch ist die Skalierung auf dieser zweiten Ebene fast unendlich. Die Gebühren sind so gering, dass auch das einfache Bezahlen eines Kaffees mit Bitcoin möglich wird. Man kann sich das so vorstellen, dass die Bitcoin-Blockchain als Wertspeicher verwendet wird wie das Sparkonto. Das Lightning Network hingegen bildet die Geldbörse, welche man mit kleineren Beträgen für den täglichen Gebrauch mit sich trägt. Zahlreiche Teams arbeiten bereits seit Jahren an diesem neuen Protokoll der zweiten Ebene und die Resultate werden immer besser. Dazu gehören Lightning-Labs, Blockstream, ACINQ, Bitfury und viele mehr. Falls du selbst das Lightning Network testen und nutzen möchtest, empfehle ich dir z. B. die Wallet of Satoshi oder die Phoenix Wallet für dein Mobiltelefon.

Neben dem Lightning Network gibt es auch andere Ansätze, Bitcoin auf der zweiten Ebene zu skalieren, wobei Lightning zu den populärsten Methoden gehört.

51%-Attacke

Bitcoin lebt von seiner Dezentralität. Doch was, wenn ein Bitcoin-Miner auf einmal die Kontrolle über mehr als 50 % der gesamten Rechenleistung (Hashrate) bekommt? Was sind die Möglichkeiten und Gefahren eines solchen Angriffs?

Double Spending: Der Angreifer könnte eine Transaktion tätigen, sie dann rückgängig machen, nachdem sie bestätigt wurde, und die gleichen Coins erneut ausgeben.

Verhindern von Transaktionsbestätigungen: Der Angreifer könnte verhindern, dass bestimmte Transaktionen in neue Blöcke aufgenommen werden.

In der Theorie sind auch noch andere potenzielle Szenarien für solche Angriffe denkbar, jedoch in der Praxis alles andere als realistisch. Ein solches Vorhaben wäre nicht nur sehr schwer realisierbar, da die Geräte, mit welchen Bitcoins geschürft werden, nur begrenzt verfügbar sind. Andere, bereits existierende Hardware ist so ineffizient, dass sie schon fast nutzlos für den Bitcoin-Mining-Prozess ist. Auch wäre ein solches Vorhaben so kostspielig, dass sich das Ergebnis – was auch immer das sein mag – niemals wirtschaftlich rechnen würde. Zudem würde der Versuch, das Netzwerk zu manipulieren oder sogar zu übernehmen, den Wert des Netzwerks drastisch senken. Wer also möchte versuchen, etwas zu übernehmen, das nach der Übernahme nur noch einen sehr geringen bis gar keinen Wert mehr hat? Und noch viel wichtiger: Warum wurde dies bis jetzt noch nicht getan? Denn es wird von Tag zu Tag schwerer und vor allem teurer.

Regulatorische Herausforderungen

In meinen mehr als sieben Jahren in der Welt von Bitcoin wurde ich sehr oft mit der Aussage konfrontiert, dass Banken und Regierungen Bitcoin kaum zulassen würden. Irgendwann würde dem Ganzen ein Riegel vorgeschoben und es verboten. Zum einen ist Bitcoin überhaupt nicht von Staaten abhängig, da es ein System von Nutzern für Nutzer ist. Und zudem ist genau das Gegenteil eingetreten. Zwei von drei der größten Vermögensverwalter weltweit (BlackRock und Fidelity Investments), mit zusammen über dreizehn Billionen AUM[34], haben von der SEC[35] die Zulassung für ihre Bitcoin-Spot-ETFs

34 Assets under Management, Gegenwert aller verwalteten Anlagen.

35 Securities and Exchange Commission, Finanzaufsicht USA.

erhalten. Bitcoin ist mittlerweile voll reguliert an der Wallstreet angekommen, denn nicht nur viele große Finanzinstitute, sondern auch Regulierungsbehörden haben verstanden, dass man Bitcoin nicht aufhalten kann. Auch im Bankensektor weltweit findet Bitcoin immer mehr Einzug. Technologie lässt sich nicht aufhalten, wenn sie gut ist und der Mensch diese braucht. Genau gleich war es beim Internet oder generell der Digitalisierung. Man kann sich zwar dagegen wehren, schneidet sich damit aber ins eigene Fleisch. Je schneller man Innovation erkennt und diese fördert, desto mehr kann man davon profitieren.

Gewisse spieltheoretische[36] Ansätze könnten hier einbezogen werden. Wenn eine Regierung im eigenen Land Bitcoin verbieten würde, könnten besonders konkurrierende Länder stärker von diesem milliardenschweren Wirtschaftszweig profitieren. Auch im Bitcoin- und Kryptobereich werden von Börsen, Herstellern und Anbietern von Hardware usw. Steuern bezahlt. Und das nicht zu knapp.

36 Die Spieltheorie ist ein Teilbereich der Mathematik und der Wirtschaftswissenschaften.

ABSCHLIEẞENDE WORTE

Ich bin mir bewusst, dass die Menge an Informationen, gerade für Neulinge, erst einmal erdrückend wirken kann. Doch keine Sorge. Du stehst vermutlich noch ganz am Anfang und wie man so schön sagt, ist noch kein Meister vom Himmel gefallen. Die präsentierten Inhalte sind reichhaltig und viele Aspekte wurden in ihrer Breite dargestellt, ohne dass wir uns bewusst in zu komplexe Details vertieft haben. Jedes einzelne Thema bietet die Chance, noch intensiver erkundet zu werden. Möglicherweise wirst du dies auf deinem Weg noch tun. Das, was du bis jetzt gelernt hast, ist eine hervorragende Grundlage, die dich auf aufregende Entwicklungen im Bereich Bitcoin bestens vorbereitet.

Sehr viele Menschen werden dieses Wissen, das du jetzt bereits hast, nie erlangen. Genauso wie die meisten Menschen nicht verstehen, wie eine Kreditkarte oder das Internet technisch funktioniert. Mache dies zu deinem Vorteil. Um deine finanzielle Situation mit der Hilfe von Bitcoin zu verbessern, musst du nicht alles von diesem Wissen einsetzen. Trotzdem unterstützt es, um bei deinen Entscheidungen rational zu bleiben. Je besser dein Fundament und deine Bitcoin-Kenntnisse sind, desto resistenter bist du gegen Bitcoin-Kritik gerüstet. Und glaube mir, auch du wirst dich noch einige Male unsicher fühlen. Nimm dir die Zeit, die du brauchst, und bilde dich auf dem Gebiet weiter.

bitcoin

FACTSHEET
Stand März 2024

Veröffentlichung Whitepaper	31. Oktober 2008
Start Bitcoin-Netzwerk (Genesis-Block)	3. Januar 2009
Gründer	Satoshi Nakamoto (Pseudonym)
Ticker-Symbol	BTC
Maximale Bitcoin-Anzahl	20.999.999,9769
Hash-Algorithmus	SHA-256
Konsensmechanismus	Proof of Work
Zwischenankunftszeit Blöcke	10 Minuten (Durchschnitt)
Bitcoin-Halving	alle 210.000 Blöcke
Belohnung pro Block	3,125 BTC in Epoche 5
Difficulty-Adjustment	alle 2.016 Blöcke
Totale Hashrate	ca. 500 Exa-Hashes pro Sekunde
Maximale Bitcoin-Blockgröße	4 Megabyte
Blockchain-Größe	650 Gigabyte und weiter steigend
Anzahl der bisher geschürften Bitcoins	19.644.830

TEIL 3

Den Bitcoin- und Kryptomarkt richtig verstehen.

Im ersten Teil habe ich dir gezeigt, wie Bitcoin-Befürworter denken und warum Bitcoin überhaupt existiert. Besonders hinsichtlich der Probleme traditioneller Geldsysteme und Banken bietet Bitcoin als dezentrale Lösung ohne zentrale Autorität eine Alternative. Im zweiten Teil habe ich dir Bitcoin technisch erklärt. Beide Teile basieren auf Fakten und ich habe bewusst versucht, meine persönlichen Meinungen und Analysen auf einem Minimum zu halten. Im dritten Teil gehen wir es etwas anderes an. Hier profitierst du von meiner über siebenjährigen Erfahrung in diesem Markt. Ich gebe dir Denkanstöße, um dich auf dem Kryptomarkt zurechtzufinden und vor Betrug zu schützen. Die gute Nachricht: Dieser Abschnitt des Buches wird leichter verständlich sein, nach dem etwas komplexeren zweiten Teil. Viel Spaß beim Lesen.

BETRUG

Sicherlich hast du auch schon gehört, dass auf dem Kryptomarkt zahlreiche Betrüger unterwegs sind, die mit den wildesten Maschen versuchen, den Laien das Geld aus der Tasche zu ziehen. Hinter dieser Aussage steckt durchaus etwas Wahres, hat aber mit Bitcoin selbst nichts zu tun. Leider wird es für uns nicht möglich sein, auf jede Art von Betrug im Detail einzugehen. Sonst hätte das Buch doppelt so viele Seiten oder sogar noch mehr. Der Grund, warum wir mit etwas Negativem in den letzten Teil starten, ist einfach. Gerade bei Neulingen finden Betrüger oft ihre Opfer. Je mehr Ahnung du von der Materie hast, desto schwerer wird es, dich übers Ohr zu hauen. Ich möchte dich motivieren, stets skeptisch zu bleiben und eine einfache Faustregel immer im Hinterkopf zu behalten:

> *Wenn es zu gut aussieht, um wahr zu sein, dann ist es wahrscheinlich auch nicht wahr.*

Und ja, Bitcoin ist die Ausnahme.

Trading, Tradingsignale und Tradinggruppen

Wenn du von Bitcoin und anderen Kryptowährungen in den sozialen Medien hörst, will dir meistens jemand etwas verkaufen. Zu den gängigen Methoden zählen die sogenannten Tradinggruppen. Ein Influencer versucht, über seine Reichweite einen Kurs zu verkaufen, welcher dir beim Handel mit Bitcoin oder anderen Kryptowährungen helfen soll. Manche spezialisieren sich auf das Investieren in sogenannte „Lowcap-Gems“, also Kryptowährungen, die von der

Marktkapitalisierung noch sehr klein sind und angeblich ein enormes Wachstumspotenzial haben. Andere fokussieren sich auf die großen Kryptowährungen wie Bitcoin und Ethereum. Sie geben vor, dir die besten Tradingsignale, also Einstiegs- und Ausstiegsmöglichkeiten für den maximalen Profit zu liefern. Halte dich von sämtlichen derartigen Methoden fern! Glaubst du wirklich, dass ein guter Trader, welcher sein Geld hauptberuflich mit dem Handel von Kryptowährungen verdient, seine Strategien, seine Ein- und Ausstiegspunkte preisgeben würde? Niemals. Das Geld, das diese Trading-Influencer verdienen, stammt nicht wirklich aus deren eigenen Trades, sondern aus den Einnahmen durch ihre Gefolgschaft. Manchmal geht diese fragwürde Praktik so weit, dass mehrere Trading-Accounts mit verschiedenen offenen Positionen aufgesetzt werden. So können die Influencer für Werbezwecke immer einen Trade, der im Profit steht, präsentieren. Dadurch locken sie weitere Opfer an. Die Verluste werden aber nie gezeigt.

Generell zum Trading, also dem Handel mit Bitcoin, anderen Kryptowährungen oder auch Aktien etc. nur ein paar Worte: Ja, es gibt erfolgreiche Trader, genauso wie es erfolgreiche Pokerspieler gibt. Jedoch handelt es sich sowohl bei Pokerspielern als auch bei Tradern nur um einen verschwindend kleinen Teil, welcher über die Jahre erfolgreich einer dieser Tätigkeiten nachgehen kann. Die anderen verlieren über die Zeit meistens an Kaufkraft und das Geld fließt von den Verlierern zu den Gewinnern. Ich möchte dir das Trading nicht gänzlich ausreden. Es gibt Menschen, die haben, was es braucht, um erfolgreich traden zu können, und dies muss man auch erst mal herausfinden. Um als Trader erfolgreich zu sein, benötigt man vor allem eine gute Marktkenntnis und starke Nerven, um mit der Volatilität umgehen zu können, sowie die Fähigkeit, Emotionen beim Handeln auszuschalten. Disziplin und Geduld sind ebenfalls entscheidend, da übereilte Entscheidungen teuer werden können. Darüber hinaus ist es wichtig, das eigene Kapital sinnvoll zu verwalten, im Trading und Poker auch Bankroll-Management genannt. Falls du dies tun möchtest, rate ich dir, mit sehr kleinen Beträgen zu starten und über deine Gewinne, aber auch Verluste genau Protokoll zu führen. Du wirst schnell merken, ob du dafür gemacht bist oder es lieber sein lässt. Ich selbst trade nicht mehr aktiv, genauer gesagt nur noch auf sehr hohen Timeframes, den Makrozyklen.

Pump-and-Dump-Systeme

Auch diese Betrugsmethodik wäre ohne Influencer nur sehr schwer umsetzbar. Bei einem Pump-and-Dump geht es darum, z. B. eine Kryptowährung mit sehr niedriger Marktkapitalisierung einzukaufen, diese dann über die sozialen Medien zu bewerben und bei einem höheren Preis alle Coins wieder abzustoßen. In den meisten Ländern ist dies illegal und läuft unter Marktmanipulation. Nicht allzu selten finden solche Pump-and-Dump-Systeme auch koordiniert statt, was nichts anderes bedeutet, als dass sich mehrere Influencer zusammentun oder sogar von einer übergeordneten Einheit koordiniert werden, um gleichzeitig eine Kryptowährung zu bewerben. So wird der Antrieb des Preises in kurzer Zeit maximiert.

Rug-Pulls

Rug-Pulls funktionieren ähnlich wie Pump-and-Dump-Systeme, sind aber nicht ganz das Gleiche. Oft gehen diese direkt von den Entwicklern von neuen Kryptowährungen aus. Bei diesem Betrug versuchen die Entwickler eines neuen Coins, Vertrauen und Investitionen zu sammeln, ziehen die Gelder an einem gewissen Punkt für sich selbst ab und arbeiten nicht mehr an dem Projekt weiter. Die Investoren gehen leer aus. Es gibt Entwicklerteams, welche über Monate täglich einen neuen Coin auf den Markt gebracht und so mehrere Millionen US-Dollar illegal erwirtschaftet haben.

Investitionsplattformen mit hohen Renditen

Der Klassiker. Einfach Geld einzahlen in Form von Bitcoin oder anderen Kryptowährungen und von den täglichen, monatlichen oder jährlichen Renditen profitieren. Woher die Rendite aber kommt, weiß keiner. Diese Form von Betrug wird wohl nie verschwinden und existiert auch nicht nur im Kryptobereich. Jeder träumt vom passiven Cash-Flow und genau dort setzen die Betrüger an. In den meisten Fällen leisten solche Unternehmen keinen Mehrwert und können ohne neue Kundengelder auch keine Renditen generieren. Es handelt sich also um klassische **Schneeballsysteme**, bei welchen das Geld der neuen Investoren aufgewendet wird, um die Rendite der früheren Investoren auszuzahlen. Sobald keine neuen Kunden mehr nachkommen, fällt das System in sich zusammen.

MLM

Oft werden solche **Ponzi-Systeme** über Multi-Level-Marketing-Netzwerke betrieben. Es gibt eine Pyramidenstruktur, bei welcher man belohnt wird, wenn man unter sich neue Investoren akquiriert, welche unter sich wieder neue Investoren akquirieren. Im Krypto- und Influencerbereich sind sogenannte Affiliate-Programme[37] zwar gang und gäbe. Es gilt aber ganz klar zu unterscheiden, ob es sich um ein stufenbasiertes MLM oder ein reguläres, konservatives Affiliate-Programm handelt. Das Erhalten einer Provision für akquirierte Neukunden ist legitim und vergleichbar mit gängigen Praktiken, wie sie z. B. bei Versicherungsberatern oder Autohändlern für Abschlüsse üblich sind.

Scam-Wallets und -Börsen

Es gibt Bitcoin- und Krypto-Wallets, aber auch Börsen, welche plötzlich mit den Kryptowährungen ihrer Kunden das Weite suchen. **„Not your keys, not your coins."** Solange du nicht im Besitz deiner Private Keys bist, gehören die Kryptowährungen nicht wirklich dir. Sei also vorsichtig, wo und wie du deine Bitcoins lagerst. Du kannst Online-Services wie Web-Wallets oder auch Börsen kurzfristig verwenden,

37 Vermittlungsprogramme, bei welchen der Vermittler eine Provision für einen Neukunden erhält. Auf Deutsch spricht man oft von Partnerprogrammen.

um deine Kryptowährungen zu lagern. Informiere dich aber gut, welche Dienstleister schon lange existieren, reguliert sind und eine gute Reputation haben. Unbekannte Wallets oder Börsen würde ich niemals empfehlen. Es gab in der Vergangenheit auch schon Vorfälle, dass Applikationen im App-Store durch Kopien ersetzt wurden und so Kryptowährungen abhandengekommen sind.

Phishing-Attacken

Eine der gängigsten Methoden ist es, E-Mails an Laien zu versenden, in denen das Support-Team einer Börse oder einer Hardware-Wallet aus fiktiven Gründen deinen Private Key braucht. Diese E-Mails sind mittlerweile sehr gut geworden und lassen sich von Originalen kaum unterscheiden. In der Regel gilt, dass ein seriöser Anbieter **niemals** nach deinen Private Keys fragen würde. Also ein Fall für den Spam-Ordner.

Manipulierte Hardware-Wallets

Diese Methode wird heutzutage nicht mehr so gängig sein und trotzdem möchte ich dich darüber aufklären, damit du ein Verständnis aufbaust, wie weit und vor allem ausgeklügelt Betrüger sein können. Es gab solche Vorfälle gegen Ende 2017, als viele Neulinge in den Kryptomarkt geströmt sind. Von den Betrügern wurden Hardware-Wallets beim Hersteller bestellt, geöffnet und manipuliert, sodass sie sich Zugriff auf Kryptowährungen der Kunden verschaffen konnten, welche diese Wallets später in Betrieb genommen haben. Dies waren aber Einzelfälle. Noch einfacher war die Masche, die dazugelegten Blätter mit einem vorgedruckten Seed weiterzuverkaufen. Also haben die Betrüger nichts anderes getan, als die Wallet bereits aufzusetzen. Wenn nun ahnungslose Käufer diese erneut verpackten Geräte gekauft haben, dachten sie, der Hersteller hätte die Wallet für sie aufgesetzt, und haben die bereits generierten Adressen verwendet. Natürlich waren dann die Kryptowährungen schnell entwendet, da die Betrüger ebenfalls den Zugriff hatten.

Es gibt noch zahlreiche andere Maschen, aber einige der gängigsten sollten hiermit abgedeckt sein. Einige Grundregeln, welche du beachten solltest:

1. **Unter keinen Umständen deinen Private Key jemandem aushändigen.**
2. **Hardware-Wallets immer nur beim Originalhersteller bestellen.**
3. **Keine unbekannten Applikationen verwenden.**
4. **Keine unbekannte oder unregulierte Börse nutzen.**
5. **Wenn möglich immer Zwei-Faktor-Authentifizierung (2FA) aktivieren.**
6. **Für Transaktionen nicht mit einem öffentlichen WLAN verbinden.**
7. **Bei der Ausführung von Transaktionen die Empfängeradresse genau prüfen. Bitcoin-Transaktionen sind irreversibel und es existiert keine Bitcoin-Support-Hotline.**
8. **Wenn du dir bei einem Schritt nicht sicher bist, am besten gar nichts unternehmen, bis du genau weißt, was du tust.**
9. **Absender von E-Mails genau prüfen.**
10. **Nicht von hohen Renditen anlocken lassen.**
11. **Keine emotionalen oder schnellen Entscheidungen treffen. Immer ruhig und sachlich bleiben.**
12. **Dich stetig weiterbilden und auf dem Laufenden bleiben.**

ALTCOINS

Altcoins sind alternative Kryptowährungen (Krypto Assets), also angebliche Alternativen zu Bitcoin. Auf der folgenden Seite werde ich dir sämtliche Gründe auflisten, warum es sinnvoll ist, in Altcoins zu investieren.

Spaß bei Seite. Hier erkläre ich, warum Altcoins von Bitcoin unabhängig sind und die allermeisten von ihnen zukünftig keine Rolle mehr spielen werden. Dazu müssen wir zwischen verschiedenen Typen von alternativen Coins unterscheiden. Wenige von ihnen haben tatsächlich einen Nutzen. Die meisten sind lediglich zur Bereicherung ihrer Entwickler gedacht. Allein der Fakt, dass zurzeit (März 2024) ca. 10.000 Altcoins existieren, sollte verdeutlichen, wie stark übersättigt dieser Markt bereits ist. Der Begriff „Krypto" war oder ist immer noch im Hype und solange „dummes Geld" auf dem Tisch liegt, wird es irgendjemand geben, der sich dieses Geld abholt. Du kannst diese Aussage interpretieren, wie du möchtest, wirst aber mit zunehmender Erfahrung in diesem Markt merken, was damit gemeint ist.

Memecoins

Memecoins, z. B. Dogecoin, Shiba Inu etc., werden nicht einmal von ihren Entwicklern ernst genommen. Mittlerweile ist es so einfach geworden, einen neuen Coin auf den Markt zu bringen, dass dies täglich geschieht. Memecoins stützen sich in der Regel auf ein trendiges Logo, haben eine lustige Webseite und versuchen, von einem kurzfristigen Hype zu profitieren. Das Muster ist immer das gleiche. Nach einem Preisanstieg, meist durch ein Pump-and-Dump-System ausgelöst, werten sie stark ab und verschwinden in der Irrelevanz. Diese Coins haben keinen fundamentalen Wert und lösen kein Problem auf dieser Welt. Der Code ist oft kopiert und wiederholt sich in den verschiedenen Memecoins, nur mit einem anderen Logo präsentiert. Auf den richtigen Memecoin zu setzen, bevor dieser durch die Decke geht, ist, als würde man Lotto spielen. Es gibt so viele und niemand weiß, welcher als Nächstes künstlich manipuliert wird – außer die Betreiber von den Pump-and-Dump-Systemen.

Utility Tokens

Utility Tokens wie der Binance Coin können meist nur innerhalb des eigen erschaffenen Ökosystems verwendet werden. Im Falle von Binance Coin ist dies die Kryptobörse Binance. In seltenen Fällen kann so ein Token auch bei wenigen Dienstleistern außerhalb des eigenen Ökosystems genutzt werden, jedoch entspricht dies nicht der Regel. Solche Tokens sind grundsätzlich überflüssig und bilden nichts anderes als die Aktie des jeweiligen Projektes ab, mit dem Unterschied, dass sie oft illegal emittiert wurden. Eine Investition in den Binance Coin entspricht einer Spekulation auf den Erfolg der Kryptobörse Binance selbst und nichts anderes. Gerade bei unregulierten und fragwürdigen Börsen gilt hier äußerste Vorsicht.

Privacy Coins

Privacy Coins sind in der Regel Kryptowährungen, welche im Gegensatz zu Bitcoin sehr viel mehr Privatsphäre bieten. Bitcoin ist zu 100 % transparent. Sobald man weiß, wem welche Adresse gehört, kann man sämtliche Geldflüsse für immer nachvollziehen.[38] Bei Privacy Coins existiert diese Nachvollziehbarkeit nicht, was für Regulierungsbehörden ein großes Problem darstellt. Der Großteil der regulierten Börsen bietet solche Coins nicht mehr an, weil sie eben nicht mit den gegenwärtigen AML[39]-Gesetzen konform sind. Paradoxerweise wird Bitcoin in den Medien oft mit kriminellen Geschäften in Verbindung gebracht, was überhaupt keinen Sinn ergibt. Ein Krimineller, welcher durch die Unterstützung von Kryptowährungen anonym bleiben will, bedient sich einem Privacy Coin wie Monero und nicht dem transparenten Bitcoin. Übrigens kann Bitcoin diese Privatsphäre theoretisch auch bieten, jedoch nicht auf der Hauptebene.

---

38 Es gibt hier einige Tricks, wie man diese Nachvollziehbarkeit verwischen kann, z. B. mit Coin-Shufflern, Bitcoin-Mixern.

39 Anti Money Laundering, zu Deutsch Anti-Geldwäsche.

Security Tokens

Ich kann mir sehr gut vorstellen, dass Security Tokens in diesem Marktzyklus starken Aufwind bekommen könnten. Nicht weil sie sinnvoll sind, sondern weil Banken ein starkes Interesse daran zeigen, diesen Markt aufzubauen. Security Tokens sind tokenisierte Assets, also z. B. Aktien oder auch Anteile physischer Anlagen[40] in der Form von Kryptotokens. Einen wirklichen Mehrwert bieten diese aber nicht. Wir haben bereits tokenisierte Assets, nämlich traditionelle Wertpapiere. Ob diese Wertpapiere nun zentral durch unsere Finanzinstitute verwaltet, oder ob die gleichen Werte zentral über eine Blockchain abgebildet werden, macht keinen Unterschied. Sie bleiben zentral gesteuert und im Ernstfall können durch diese zentralen Entitäten Manipulationen vorgenommen werden.

An dieser Stelle wenden wir uns noch einem wichtigen Begriff zu, dem **Orakel-Problem.** Ein in sich geschlossenes System wie Bitcoin funktioniert einwandfrei für die dezentrale Durchführung von Wertverschiebung. Sobald diese Blockchain aber dazu verwendet wird, externe Daten einzutragen, sind diese Daten zwar für immer unveränderbar gespeichert, jedoch sagt uns dies nichts über die Richtigkeit der Daten. Wenn eine zentrale Entität eine dezentrale Blockchain mit Daten füttert, müssen wir weiterhin dieser zentralen Entität vertrauen. Und genau um das geht es bei Bitcoin: dass wir eben keiner zentralen Stelle mehr vertrauen müssen. De facto ist ein solches Vorhaben überflüssig.

Smart-Contract-Plattformen

„Ich investiere lieber in Ethereum als in Bitcoin, weil ich da mehr Potenzial sehe." Wahrscheinlich bin ich nicht der Einzige, der diesen Satz schon zig Male gehört hat. Wenn man aber nach der genauen Begründung für eine solche Entscheidung fragt, kommt oft nicht

40 Im Fachjargon oft als RWA (Real World Assets) bezeichnet.

mehr als heiße Luft. Smart-Contract-Plattformen, egal ob Ethereum, Solana usw., versprechen seit Jahren, unser traditionelles Finanzsystem mit Smart Contracts zu revolutionieren. Die Idee dahinter hört sich vielversprechend an: Regeln für Zahlungsflüsse implementieren und automatisiert und dezentral laufen lassen. Jedoch gibt es bis heute keinen mir bekannten sinnvollen Anwendungsbereich. In den meisten Fällen sind diese Plattformen auch nicht dezentral. Fast alle von diesen Ökosystemen bauen mittlerweile nicht mehr auf Proof of Work, sondern auf **Proof of Stake,** was fatale Folgen für die Sicherheit und die Dezentralität hat. Bei Proof of Stake entscheiden nicht jene, die die meiste Arbeit zur Sicherstellung des Netzwerkes aufwenden, sondern die mit den meisten Coins. Also eigentlich nichts anderes als unser traditionelles Finanzsystem. Immer wieder wird versucht, Bitcoin für seinen hohen Energieverbrauch anzuprangern; es wird vorgespielt, man könne dies viel einfacher und effizienter lösen – was ein Irrglaube ist. Geld aus dem Nichts zu schaffen, was Proof of Stake tut, hat in der Geschichte der Menschheit noch nie funktioniert. Nur harte Gelder, welche knapp und schwierig herzustellen sind, haben sich langfristig durchgesetzt und etabliert.

Stable Coins

Unter allen Altcoins sind Stable Coins die mit dem größten Nutzen, solange sie korrekt aufgesetzt und geführt werden. Ein Stable Coin, welcher keine langfristige Stabilität garantieren kann, ist nutzlos! Stable Coins sind Kryptowährungen, welche eine Fiat-Währung, z. B. den US-Dollar, abbilden. Also entspricht z. B. ein USDT (US-Dollar Tether) genau einem US-Dollar. Dieser sollte im Idealfall beim Emittenten Tether eins zu eins gedeckt und einlösbar sein. Die meisten Kryptobörsen arbeiten mittlerweile mit solchen Stable Coins, da die Brücke zwischen Fiat-Währungen und Kryptowährung oft sehr viele Hürden mit sich bringt. Ich würde trotzdem empfehlen, auch Stablecoins zu umgehen, denn eine hundertprozentige Garantie, dass sämtliche sich im Umlauf befindenden Stable Coins auch wirklich eins zu eins gedeckt sind, gibt es in den meisten Fällen nicht. Es könnte von solchen Emittenten Fractional Reserve Banking[41] betrieben werden, ohne dass der Markt dies zeitnah merken würde. Dies geschieht auch oft, meist bei den eher unbekannteren, kleineren Stable Coins.

Kopien von Bitcoin

Bitcoin, Litecoin, Bitcoin Cash usw. sind Kryptowährungen und keine Krypto Assets. Doch warum hat sich Bitcoin durchgesetzt? Dafür gibt es viele Gründe. Zum einen sind sämtliche Kopien von Bitcoin eben nur Kopien. Oft verwenden sie einen Code, welcher sich von Bitcoin nicht wesentlich unterscheidet. Es gibt über hundert Kopien von Bitcoin, wovon sich keine durchgesetzt hat. Bitcoin ist mehr als nur eine Kryptowährung oder ein Protokoll. Es verkörpert die Idee eines fairen, dezentralen und demokratisch gesteuerten Geldsystems – eine Vision, die mit ihrer Einzigartigkeit und Innovationskraft besticht. Diese Idee, die Bitcoin zugrunde liegt, hat sich tief in das kollektive Bewusstsein eingegraben. Sie benötigt keine Vielzahl an Alternativen, denn die Vorstellung einer globalen Reserve-Währung, die einfach und unkompliziert funktioniert, ist an sich bereits eine umfassende Lösung. Zudem gehen mit solchen Kopien große Sicherheitsrisiken einher, da sie verglichen mit Bitcoin nur mit Bruchteilen der Rechenleistung gesichert werden.

Wenn du eine andere Kryptowährung als Bitcoin unterstützen möchtest, dann bist du frei, dies zu tun. Aber sei bitte nicht enttäuscht, wenn sich diese nach einem Preiszerfall von 99 % nie wieder erholt. Mein Rat daher: Bleib bei Bitcoin und beschäftige dich mit diesem Thema. Alles andere sind Spielereien, Schönrederei, Glücksspiel, Experimente oder im besten Fall positive Ansätze mit viel weniger Potenzial als ein neues revolutionäres, faires, transparentes, dezentrales Geldsystem.

---

41 Es wird nur ein Bruchteil des Werts der ausgegebenen Coins als Reserven gehalten.

Das Blockchain-Trilemma

Viele alternative Coins geben an, sie würden gewisse Probleme besser lösen als Bitcoin. Dazu zählen beispielsweise größere Blöcke, um mehr Transaktionen pro Zeiteinheit abarbeiten zu können. Oder sie würden durch Proof of Stake weniger Energie als Bitcoin aufwenden. Dies sind aber nur Verkaufsargumente, welche nie die gesamte Wahrheit abbilden. Eine Kryptowährung unterliegt immer dem Blockchain-Trilemma.

Das Blockchain-Trilemma besagt, dass eine Kryptowährung nie alle dieser drei Eigenschaften vollständig erfüllen kann. Sie kann nicht **dezentral, sicher** und auch noch **skalierbar** sein. Irgendwo gibt es immer Abstriche. Bei den meisten Proof-of-Stake-Coins müssen Abstriche bei der Dezentralität und der Sicherheit in Kauf genommen werden. Auch Bitcoin unterliegt diesem Trilemma. Bitcoin ist zwar die mit Abstand sicherste und auch dezentralste Kryptowährung, lässt sich aber auf der ersten Ebene nicht unendlich skalieren. Dies wird durch weitere Protokolle auf einer zweiten – in der Zukunft vielleicht

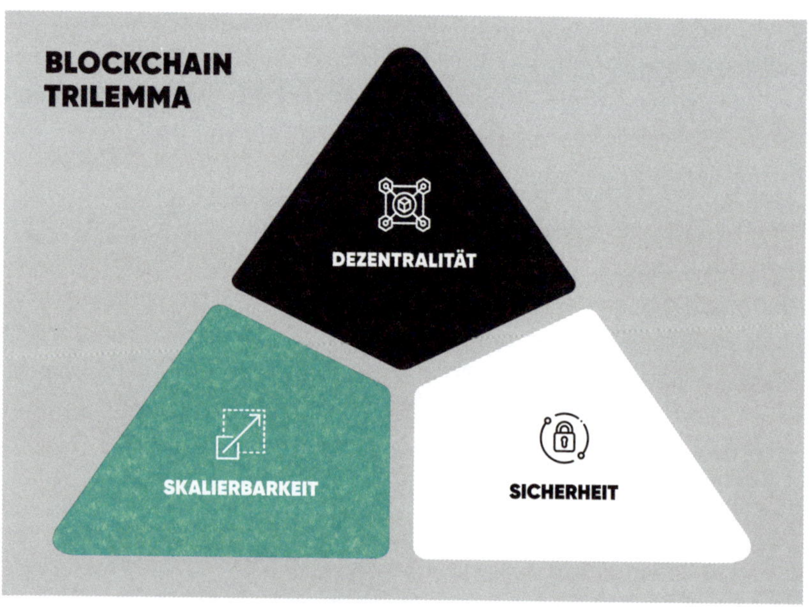

auch dritten – Ebene gelöst, womit Transaktionen von der Hauptkette ausgelagert werden. Immer wenn eine Kryptowährung damit wirbt, das Blockchain-Trilemma gelöst zu haben, stimmt das nicht – egal wie plausibel es sich anhört. Das Blockchain-Trilemma zu lösen, ist nicht möglich. Genau wie es in der Physik nicht möglich ist, ein Perpetuum Mobile zu bauen.

Die harte Realität

Denke bitte an meine Worte, wenn du in der Hype-Phase dieses Marktzyklus von einem Altcoin hörst, welcher angeblich besser sein soll als Bitcoin. Es gibt ca. 10.000 Altcoins, also warum genau soll es dieser sein? Alternative Coins gab es vor Bitcoin nicht. Sie sind also lediglich Nebenerscheinungen, welche den Decknamen „Kryptowährung" für sich nutzen, weil dies gerade trendy sein mag. Bitcoin hatte seit seiner Entstehung bis heute unter allen Kryptowährungen immer die höchste Marktkapitalisierung. Es ist also die unangefochtene Nummer eins, während Altcoins kommen und gehen. Altcoins sind oft Produkte von Softwareunternehmen, welche nicht regulierte Wertpapiere illegal an ihre Investoren verkaufen. Sie sind fast immer zentral gesteuert und haben nichts mit einem demokratisch geregelten, dezentralen Netzwerk zu tun. Altcoins bieten Angriffsfläche bei ihren Gründern. Bei Bitcoin kennen wir die Gründer nicht. Altcoins geben vor, irgendwelche Probleme, meist aus dem Finanzsektor, zu lösen. Trotzdem finden sie seit über zehn Jahren nirgends eine sinnvolle Anwendung. Oder hast du schon mal von einem Finanzinstitut gehört, welches z. B. Ethereum oder Solana außerhalb eines Pilotprojektes heute verwendet? Ich nicht.

BITCOIN VS. ALTCOINS

Stand 1.März 2014

		Marktkapitalisierung	Preis
1	Bitcoin	$ 6.982.940.149	$ 560,36
2	Ripple	$ 1.372.841.164	$ 0,014
3	Litecoin	$ 351.734.637	$ 13,45
4	Auroracoin	$ 185.271.555	$ 17,49
5	Peercoin	$ 69.528.690	$ 3,28
6	Dogecoin	$ 58.259.694	$ 0,0011
7	Nxt	$ 44.810.315	$ 0,045
8	Mastercoin	$ 27.873.047	$ 49,49
9	Namecoin	$ 27.166.192	$ 3,33
10	Counterparty	$ 14.692.548	$ 5,55

Stand 1.März 2019

		Marktkapitalisierung	Preis
1	Bitcoin	$ 68.211.115.223	$ 3.883,30
2	Ethereum	$ 14.518.080.100	$ 138,18
3	XRP	$ 13.348.213.451	$ 0,322688
4	EOS	$ 3.321.561.945	$ 3,67
5	Litecoin	$ 2.960.847.894	$ 48,79
6	Bitcoin Cash	$ 2.368.020.618	$ 134,18
7	Tether	$ 2.039.148.010	$ 1,01
8	Stellar	$ 1.646.477.901	$ 0,085699
9	Binance Coin	$ 1.616.295.847	$ 11,45
10	TRON	$ 1.586.347.762	$ 0,023790

Stand 1.März 2024

		Marktkapitalisierung	Preis
1	Bitcoin	$ 1.223.352.379.921	$ 62.257,80
2	Ethereum	$ 411.432.316.700	$ 3.424,57
3	Tether USDt	$ 98.839.091.225	$ 1
4	BNB	$ 60.783.225.697	$ 406,40
5	Solana	$ 59.444.434.035	$ 134,40
6	XRP	$ 32.249.454.553	$ 0,5906
7	USDC	$ 28.811.901.656	$ 0,9997
8	Cardano	$ 24.294.524.942	$ 0,6845
9	Dogecoin	$ 17.525.849.442	$ 0,1223
10	Avalanche	$ 15.935.831.033	$ 42,24

Die Grafik zeigt in drei Momentaufnahmen die eindrucksvolle Dominanz von Bitcoin über Altcoins. Es wird deutlich, dass Bitcoin konsequent an der Spitze steht – sowohl in Bezug auf den Preis als auch die Marktkapitalisierung.

Währenddessen erleben Altcoins eine dynamische Geschichte: Ihre Logos ändern sich, einige verschwinden aus den Top 10, Top 100 oder ganz, während neue hinzukommen.

Die Grafik zeigt beeindruckend, dass Bitcoin nicht nur die erste Kryptowährung war, sondern auch die mit der größten Beständigkeit und Attraktivität für Investoren.

DER HANDEL MIT BITCOIN

Ich hoffe, diese doch etwas länger als gedachte Einleitung in den dritten Teil hat dich nicht zu stark von diesem Markt abgeschreckt, denn es gibt Potenzial. Bitcoin. Im Gegenzug zu allen Altcoins hat sich Bitcoin bereits bewiesen. Bitcoin findet immer mehr Einzug in die Portfolios, nicht nur von Privaten, sondern auch von Institutionen. Es gibt Bitcoin-Spot-ETFs, also mit Bitcoin gedeckte Wertpapiere, welche an der Wallstreet täglich gehandelt werden. Bitcoin wird zum Sparen bereits verwendet. Ich selbst nutze Bitcoin jeden Tag, indem ich den Großteil meiner Kaufkraft in Bitcoin spare. Ich könnte auch in andere Anlagen investieren. Doch es gibt für mich keine, welche Bitcoin das Wasser reichen können. Nicht nur von der fundamentalen Seite, sondern auch vom enormen Preispotenzial gegenüber Fiat-Währungen. Doch wann ist der beste Einstiegspunkt für Bitcoin und welche Tipps kann ich dir mitgeben, um diesen Markt erfolgreich zu meistern?

Wenn wir uns den Bitcoin-Chart noch einmal anschauen, stellen wir zwei Dinge fest.

1. Wir erkennen gegenüber dem US-Dollar einen klaren und stetigen Aufwärtstrend.
2. Der Bitcoin-Preis verhält sich zyklisch.

Doch wie lassen sich diese Phänomene erklären und wie sicher ist es, dass sich diese Bewegung so fortsetzt?

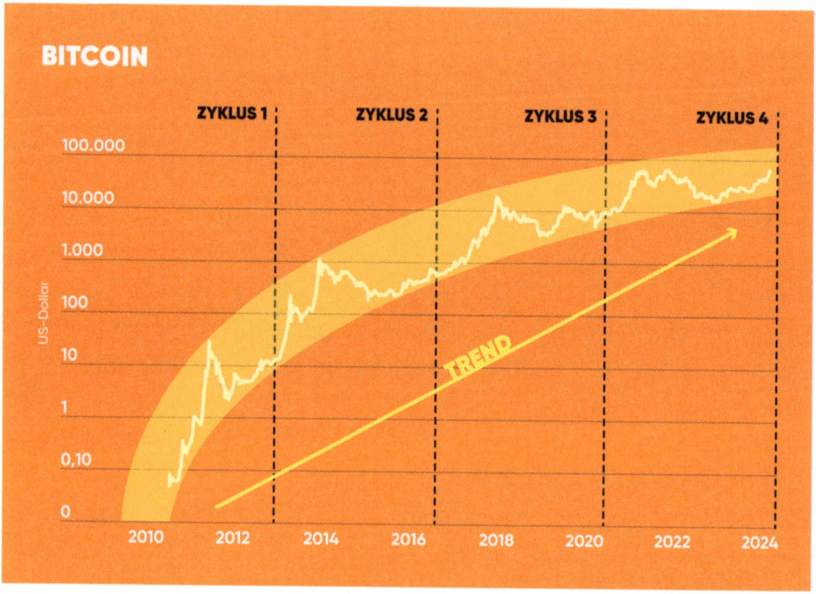

Der stetige Aufwärtstrend

Grundsätzlich steigt der Preis einer Anlage nur dann, wenn die Nachfrage höher als das Angebot ist, also wenn mehr von dieser Anlage gekauft als verkauft wird. Offensichtlich ist dies bei Bitcoin seit über fünfzehn Jahren der Fall. Bitcoin bietet eine großartige fundamentale Grundlage, welche von Investoren immer besser verstanden wird. Das Interesse an Bitcoin steigt, wobei das neue Angebot durch das Bitcoin-Halving immer knapper wird. Doch welche Faktoren könnten den Bitcoin-Preis noch steigen lassen?

Netzwerkeffekte

Der positive Feedback-Loop – die positiven Netzwerkeffekte – bei Bitcoin ist immens. Versetze dich in die Zeit zurück, als Facebook oder Instagram neu aufgekommen sind. Als nur zwei, drei deiner Freunde ein Profil hatten, war für dich der Anreiz, auch ein Profil zu erstellen, noch sehr gering. Vielleicht hast du wie ich noch gewartet. Als aber immer mehr Freunde und Bekannte in deinem Umfeld diese sozialen Netzwerke nutzten, wurde auch für dich der Anreiz beizutreten größer. Genau gleich ist es bei Bitcoin. Das Netzwerk wird mit mehr Nutzern wertvoller, da es mehr Akzeptanzstellen gibt. Dies wiederum bedeutet, dass der Anreiz für Nocoiner[42] immer größer wird.

Mit mehr Nutzern gewinnt das Netzwerk auch an Sicherheit. Je mehr Investoren Bitcoin kaufen, desto höher der Preis. Dies wiederum bedeutet einen höheren Profit für das Bitcoin-Mining. Es wird also mehr Rechenleistung aufgewendet, um das Netzwerk sicher zu halten. Ein sichereres Netzwerk hat mehr Wert, was wiederum mehr Leute anzieht.

Viele Investoren werden auf Bitcoin aufmerksam, weil der Preis steigt. Ich würde sogar behaupten, die meisten. Leider werden dann oft die fundamentalen Eigenschaften von Bitcoin vergessen. Nichtsdestotrotz erregt der Preis von Bitcoin wohl das größte Aufsehen, was wiederum noch mehr Investoren anlockt. Man könnte also sagen, der Preist steigt, weil der Preis gestiegen ist. Ziemlich paradox, aber diese Aussage enthält definitiv etwas Wahres.

Der Lindy-Effekt

Der Lindy-Effekt beschreibt ein Konzept zur zukünftigen Lebensdauer von nicht-verderblichen Dingen wie Technologien. Dieser Effekt besagt, dass die geschätzte maximale Lebensdauer von etwas mit seinem Alter steigt. Je länger also ein Netzwerk wie Bitcoin existiert und genutzt wird, desto höher schätzt man auch seine maximale Lebensdauer ein. Einfach gesagt, je länger Bitcoin existiert, desto sicherer das Fortbestehen. Wenn man sich überlegt, wie viele Angriffe jeglicher Form von Bitcoin bereits überlebt wurden, ergibt dies durchaus Sinn. Bitcoin ist unter anderem durch diese Angriffe stärker geworden und weiterhin gewachsen. Bitcoin wird immer resilienter.

---

42 Personen, welche noch keine Bitcoins haben.

Die Absicherung

Da es sich bei Bitcoin um eine neue Form von Geld handelt, kann es sich niemand leisten, diesen Zug zu verpassen. Genau wie man es sich nicht leisten konnte, die Digitalisierung oder das Internet zu ignorieren. Es gibt zahlreiche Beispiele von Firmen, aber auch Privatpersonen, welche sich dem Internet zu lange verschlossen und somit sich selbst geschadet haben. Doch bei Bitcoin ist die Strafe für das Verpassen gravierender. Je länger man mit Bitcoin wartet, desto höher der Preis. Wortwörtlich. Von Zyklus zu Zyklus wird der Bitcoin-Preis höher und es deutet nichts darauf hin, dass sich dies bald ändert, denn wir befinden uns immer noch in einer frühen Phase, was wir gleich sehen werden.

Dies bedeutet, dass, auch wenn man Bitcoin nicht befürwortet, eine Absicherung gegen den Erfolg von Bitcoin zur Notwendigkeit wird. Eine Absicherung für den Fall des Erfolges von Bitcoin ist ebenfalls Bitcoin. Es ist also egal, ob man Bitcoin befürwortet und daran glaubt oder nicht, aber wer sich absichern möchte, sollte Bitcoin kaufen. Dies wird bereits getan. In vielen Portfolios von Vermögensverwaltern findet Bitcoin im kleinen Prozentbereich mittlerweile Einzug.

Adaption

Viele Laien, welche das erste Mal von Bitcoin hören, argumentieren, dass ein ganzer Bitcoin doch bereits viel zu teuer und der Zug bereits abgefahren wäre. Dies ist nicht der Fall. Zum einen werten die sich stetig ausweitenden Fiat-Währungen immer weiter ab, während Bitcoin begrenzt bleibt. Bitcoin hat also das Potenzial, in z. B. US-Dollar gemessen immer weiter zu steigen. Zweitens bist auch du mit dem Lesen dieses Buches und dem Aneignen von Wissen immer noch früh dran. Schau in dein Umfeld und beantworte dir selbst die Frage, wer denn bereits seine Kaufkraft in Bitcoin speichert, oder noch besser, wer von Bitcoin wirklich Ahnung hat. Wahrscheinlich wird sich diese Anzahl an Personen im einstelligen Prozentbereich befinden.

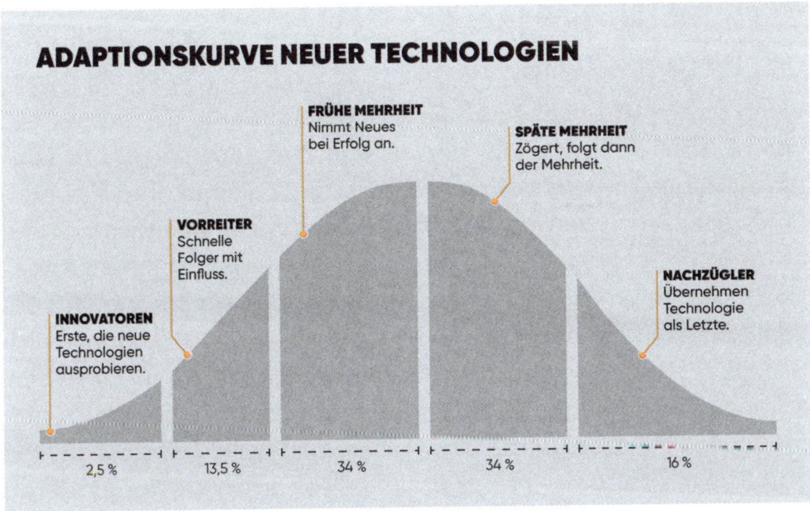

Es gibt zahlreiche verschiedene Methoden, um zu evaluieren, wie viel Prozent der Weltbevölkerung oder eines gewissen Landes bereits aktiv in Bitcoin sparen. Leider variieren die Ergebnisse zu stark, um eine genaue Zahl nennen zu können. Dies liegt unter anderem daran, dass manche Personen mehrere Bitcoin-Adressen besitzen und somit diese Kennzahl nicht die korrekte Anzahl der Bitcoin-Besitzer wiederspiegelt.

Jedoch gibt es eine Übereinstimmung. Unabhängig von der Herkunft und Aufstellung solcher Statistiken deutet alles darauf hin, dass wir noch nicht einmal bei der „Frühen Mehrheit“ angekommen sind. Das bedeutet, dass du immer noch zu den Vorreitern einer neuen potenziellen Weltreservewährung gehören kannst. Findest du nicht auch, dass es deine Pflicht ist, zumindest einen kleinen Teil deines Hab und Guts in Bitcoin investiert zu haben und weiterhin Satoshis zu akkumulieren?

Wann ist der richtige Zeitpunkt, um Bitcoin zu kaufen?

Wenn du den Großteil dieses Buches verstanden hast, sind wir uns wahrscheinlich einig, dass der richtige Zeitpunkt, Bitcoin zu kaufen, genau jetzt ist. Wir kommen gleich noch einmal darauf zurück, ob es sich nicht lohnt, gewisse Stadien der Zyklen abzuwarten oder ob man unabhängig vom Preis direkt einsteigen sollte. In Anbetracht des langfristigen Trends, der steigenden Nachfrage und der Verknappung des Angebots ist es durchaus sinnvoll, kontinuierlich Bitcoin zu kaufen, also Dollar-Cost-Average (DCA) zu betreiben. Mit dieser Methode, also z. B. monatlich oder wöchentlich regelmäßig den gleichen Betrag zu investieren, kannst du dir viel Aufwand und Stress einsparen. Im Idealfall richtest du einen Dauerauftrag ein und sparst nicht nur in Fiat-Währungen, sondern eben auch in Bitcoin. Vielleicht startest du nur mit einem kleinen Teil, aber anzufangen ist der entscheidende Schritt.

Die Zyklen

Wie wir nun mehrfach besprochen und gesehen haben, verhält sich der Bitcoin-Preis, zumindest in der Vergangenheit, zyklisch. Die einzelnen Epochen haben sich sehr ähnlich verhalten. Klar sind die Fluktuationen nicht exakt die gleichen und wir wissen auch nicht mit Sicherheit, ob sich diese in der Zukunft weiterhin wiederholen werden. Niemand kann genau vorhersagen, was mit dem Preis von Bitcoin passieren wird. Es ist lediglich eine Abschätzung von Wahrscheinlichkeiten. Märkte zu verstehen, kann man nicht in Büchern oder in irgendwelchen Kursen lernen, man muss sie selbst erlebt haben. Ich kann dir noch so lange von Gier, Angst und genereller Marktpsychologie erzählen und dennoch ist es kein Vergleich dazu, als wenn du es selbst miterlebt hättest. Der Anstieg z. B. auf das Allzeithoch von ca. 20.000 US-Dollar im Jahr 2017 lässt sich nur sehr schwer in Worte fassen. Euphorie, Hype, Übertreibung, alles Worte, welche ich verwenden könnte, aber wie gesagt, du musst es selbst erleben. Es gibt ein englisches Sprichwort, welches sehr viel Wahrheit enthält:

> *Time in the market beats timing the market.*

Die genaue Übersetzung ergibt zwar wenig Sinn, aber die Nachricht dahinter umso mehr. Es bedeutet nichts anderes, als dass die Zeit im Markt bessere Ergebnisse liefert als der Versuch, die richtigen Ein- und Ausstiegspunkte zu finden. Oder einfacher gesagt: Es ist besser, langfristig zu investieren, anstatt zu traden (handeln). Dazu ein weiteres Sprichwort, welches für 90 % oder mehr der Investoren gilt:

> *Hin und Her macht Taschen leer.*

Ich rate dir als Neuling, wirklich die Hände vom Trading zu lassen und dich auf das Besparen von Bitcoin zu konzentrieren. Auch wenn du monatlich nur hundert Euro oder Schweizer Franken investierst, kaufst du dir mit den paar Satoshis einen Teil von etwas Begrenztem. Diese Satoshis werden dir gehören, und wenn du sie richtig lagerst, wird nie jemand die Möglichkeit haben, diese zu erwerben, außer du möchtest dies. Zeitpräferenz ist ebenso ein sehr wichtiges Thema, gerade wenn es um Investitionen geht. Je länger du planst, desto besser dein Ergebnis. Versuche nicht auf „Schnell-reich-werden-Systeme" aufzuspringen, denn solche Versprechen können nicht gehalten werden. Fokussiere dich auf langfristige Ziele und Investitionen.

Trotz dieser Warnung gehen wir nun auf die Zyklen des Bitcoin-Preises ein und deren möglicher Herkunft. Ich selbst beschäftige mich schon eine sehr lange Zeit mit diesem Thema und werde einen kleinen Teil meiner Bitcoin-Position, hauptsächlich aus Diversifikationsgründen, in einer Hype-Phase abstoßen. Das bedeutet aber nicht, dass ich nicht an Bitcoin glaube, sondern vielmehr, dass ich es als unverantwortlich meiner Zukunft gegenüber empfinde, alles auf eine Karte zu setzen. Auch wenn ich dem Erfolg von Bitcoin eine sehr hohe Wahrscheinlichkeit zuspreche, bleibt ein winzig kleiner Teil von mir skeptisch. Auch wenn die Wahrscheinlichkeit, dass Bitcoin scheitert, für mich nur 0,1 – 1 % beträgt, möchte ich für diesen Fall gewappnet sein.

Das günstige Geld

Eine Theorie geht davon aus, dass Bitcoin immer nur dann in einen Bullenmarkt eintritt, wenn das Geld günstig ist, also der Leitzins tief sitzt und die Federal Reserve „Quantitative Easing" betreibt, also den Markt mit günstigem Geld versorgt. Wann immer das Gegenteil der Fall ist, also Geld wieder einen teureren Preis hat (Quantitative-Tightening), befindet sich der Bitcoin-Preis in einem Bärenmarkt. Die untenstehende Grafik verdeutlicht dies.

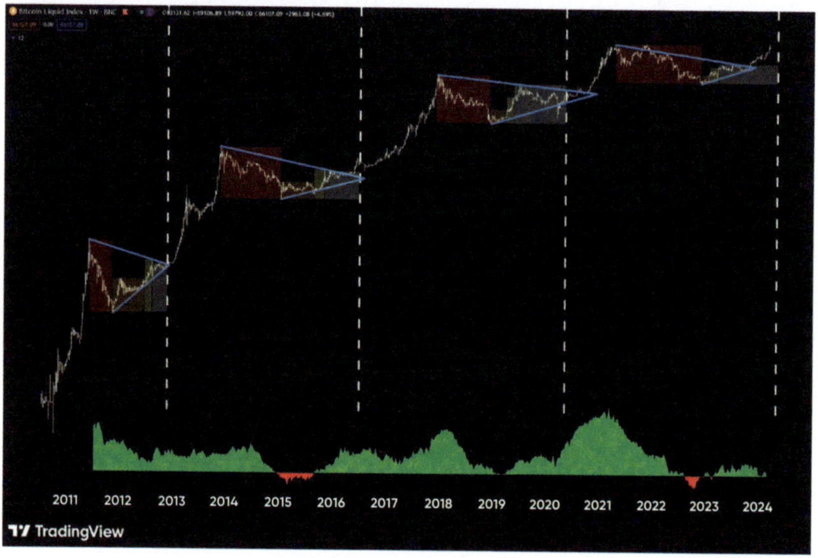

Abbildung 20 Global M2 YoY% Change (USD) auf TadingView von @DylanLeClair_ auf www.x.com, Stand: März 2024.

Wir erkennen, dass tatsächlich eine Korrelation zwischen dem Bitcoin-Preis und der Änderungsrate der Geldmenge M2 existiert. Grundsätzlich kann dies schon Sinn ergeben, da Investoren in der Regel zu Zeiten von günstigem Geld investierfreudiger agieren.

Das mag jetzt vielleicht ein wenig paradox erscheinen, da Bitcoin doch eine Alternative zu unserem Geldsystem bieten soll. Richtig, aber gerade in den jungen Jahren von Bitcoin, in welchen wir uns immer noch befinden, ist es unausweichlich, dass Bitcoin zu unserem traditionellen Finanzsystem koexistiert und somit auch dessen Fluktuation ausgesetzt ist. Ich könnte mir gut vorstellen, dass diese Korrelation in den nächsten fünf bis zehn Jahren langsam abnimmt.

Gier und Angst

Gier und Angst sind die stärksten Treiber der meisten Märkte. Es wirkt, als würde das rationale Denken bei Investoren unter diesen emotionalen Zuständen oft aussetzen. Ich habe selbst erlebt, wie in der Krypto-Szene Projekte ohne irgendwelchen Nutzen Bewertungen erreicht haben, jenseits von jeglicher Vorstellungskraft. Das Interessante dabei ist, dass es ab einem gewissen Punkt gar nicht mehr um die fundamentalen Eigenschaften geht, sondern nur noch ums Geldverdienen. Dies trifft heute noch auf viele Altcoins zu. Es gibt Projekte, welche eine Marktkapitalisierung von mehreren zehn, ja sogar Hunderten Milliarden aufweisen, ohne irgendwo eine Anwendung zu finden. Und trotzdem werden sie weiterhin gekauft, im Glauben, der Preis könnte sich noch einmal verzehnfachen.

An dieser Stelle möchte ich dir einen der wichtigsten Tipps geben, welchen ich auf meiner Reise gelernt habe. Versuche beim Investieren, nie emotionale Entscheidungen zu treffen. Bleibe immer rational und handle nie aus dem Effekt. Wenn du Euphorie oder Angst verspürst, dann warte mit deiner Entscheidung noch ab, denn die Gefahr besteht, dass du eine weniger rational begründete Entscheidung unter diesen Umständen triffst. Dies hört sich vielleicht langweilig an, aber **investieren ist langweilig.** Es geht nicht darum, schnell reich, sondern langfristig vermögend zu werden. Das ist die sichere und zuverlässige Variante. Wenn du schnell reich werden möchtest, empfehle ich dir, lieber Lotto zu spielen. Aber ich nehme an, du weißt selbst, wie hoch dort die Chancen auf einen Gewinn stehen.

Auch die Bitcoin-Zyklen werden von Gier und Angst getrieben. Jedoch finden wir diese Effekte nicht auf dem gesamten Bitcoin-Chart, sondern lediglich in den Fluktuationen auf dem stetigen Aufwärtstrend. Das Zyklushoch im Jahr 2017 war sehr exemplarisch und es war ab einem gewissen Zeitpunkt klar, dass der Markt jetzt übertrieben stark gestiegen ist und eine Korrektur folgen muss. Am Zyklushoch im Jahr 2021 war es schwieriger, die Signale richtig zu deuten, und trotzdem waren sie da. Grundsätzlich kann man sagen, wenn immer der Preis über Tage und Wochen stetig steigt, wird es immer wahrscheinlicher, dass eine Korrektur folgt und vielleicht sogar einen längeren Abwärtstrend (Bärenmarkt) einläutet. Dies hat unter anderem mit Gewinnmitnahmen zu tun. Es gibt immer noch zahlreiche Bitcoin-Investoren, welche sehr lange dabei sind. Obwohl sie Bitcoin – zumindest mehr oder weniger – verstanden haben, erkennen sie solche Phasen und nutzen diese, um einen Teil der Position abzuverkaufen. Je höher der Bitcoin-Preis, desto höher der Anreiz für einen Bitcoin-Wal[43], einen Teil seiner Position abzubauen. Auch wenn dies nur einer temporären Teilumschichtung dient, um später günstiger in den Markt wieder einzusteigen – mit Aussicht auf den nächsten Bullenmarkt.

Die Bitcoin-Halving-Zyklen

Persönlich glaube ich, dass die Preiszyklen von Bitcoin durch die Bitcoin-Halvings beeinflusst werden. Die Bitcoin-Zyklen wiederholen sich in Abständen von exakt vier Jahren und verhalten sich bis heute ähnlich. Klar, wir haben noch nicht sehr viele Daten, da Bitcoin immer noch neu ist. Aber die bisher vorhandenen deuten darauf hin. Das Bitcoin-Halving, eines der wohl wichtigsten fundamentalen Ereignisse, findet ebenfalls alle vier Jahre statt. In meinen Augen kann dies kein Zufall sein.

Die Rolle der Medien in der Verbreitung von Informationen über solche Schlüsselereignisse kann nicht unterschätzt werden. Eine zunehmende Berichterstattung über das Bitcoin-Halving kann das Interesse und die Aufmerksamkeit eines breiteren Publikums wecken. Dies führt oft zu einem erhöhten Kaufinteresse, welches den Preis antreiben kann. Ab neuen Allzeithochs spricht sich das Ganze dann

43 Entität mit über 1.000 Bitcoins.

wieder richtig herum, bis zu dem Punkt, dass dich dein Taxifahrer und dein Friseur am gleichen Tag auf das Thema ansprechen. Dies ist zwar nur symbolisch gemeint, jedoch ist dies sicherlich eines der Zeichen für einen übertriebenen Markt.

Antizyklisch investieren

Die Idee vom antizyklischen Investieren hört sich in der Theorie zwar einfach an, doch in der Praxis birgt sie einige Hürden. Es ist leicht zu sagen, dass man am Boden einer Anlage einsteigt und auf einem Hoch wieder verkauft, solange kein signifikantes Eigenkapital dahintersteckt. Der Grund dafür sind wieder unsere Emotionen. Wenn eine Anlage durch die Decke geht und alle davon sprechen, wie weit der Preis noch steigen kann, lässt man sich oft dazu verleiten, eben nicht zu verkaufen, denn man will beim Preisanstieg weiter dabei sein. Die sogenannte FOMO (Fear Of Missing Out)[44] tritt ein. Was, wenn man jetzt verkauft, aber sich der Preis noch einmal verdoppelt? Auf der anderen Seite ist es schwierig, eine Anlage zu kaufen, wenn man ständig mit fallenden Preisen und einem verzweifelten Markt konfrontiert ist. Negative Schlagzeilen können einen verunsichern und man lässt es dann doch bleiben, obwohl man sich vorgenommen hat, genau in diesem Moment von günstigen Preisen zu profitieren. Die Schwierigkeit liegt darin, sich weder von FOMO noch von FUD (Fear, Uncertainty and Doubt)[45] beeinflussen zu lassen. Ich kann dies nicht oft genug sagen, aber gerade in solchen Fällen ist das emotionslose Investieren der Schlüssel zum Erfolg. Nicht der Masse folgen, sondern rational bewerten, ob eine Anlage zurzeit über- oder unterbewertet ist, und dann zuschlagen, wenn es Sinn ergibt.

Gerade als Neuling im Bereich Investieren können solche Grafiken hilfreich sein, um den Markt richtig zu deuten und zu verstehen, wann ein Ein- oder Ausstieg sinnvoll ist. Doch aufgepasst! Natürlich

44 Die Angst, etwas zu verpassen.
45 Angst, Unsicherheit und Zweifel.

beinhaltet eine solche Grafik zwar eine gewisse Wahrheit, doch die Zeichen richtig zu deuten, bleibt eine Kunst. Es gibt keine Bücher, keine Kurse, keine Videos und generell keine Anweisungen, welche einem eine Strategie zum Erfolg garantieren können. Sämtliches Lehrmaterial, auch dieser Teil des Buches, kann lediglich Hinweise und Ansätze bieten.

Technische Analyse

Die technische Analyse ist die Analyse von vergangenen Preisdaten mithilfe gewisser Indikatoren zu einer möglichen Preisprognose. Diese kann sicherlich eine Hilfestellung für gewisse Entscheidungen bieten, jedoch wird ihre Relevanz von vielen maßlos übertrieben. Viele Influencer, gerade im Kryptobereich, gaukeln vor, diese Technik gemeistert zu haben, wobei einige sogar Kurse anbieten. Für einen solchen Kurs Geld auszugeben oder der technischen Analyse zu viel Aufmerksamkeit zu schenken, davon rate ich ab. Zu verstehen, in welcher Phase des Marktzyklus wir uns gerade befinden, ist um ein Vielfaches wichtiger. Besonders für den langfristigen Erfolg.

JETZT BITCOIN KAUFEN UND RICHTIG VERWAHREN

Nachdem wir nun gelernt haben, warum Bitcoin existiert, wie Bitcoin technisch funktioniert und wie Märkte funktionieren, geht es nun ans Eingemachte. Wie und wo kauft man eigentlich Bitcoin und was sind die besten Produkte und Dienstleistungen? Ich möchte an dieser Stelle anmerken, dass diese Empfehlungen einer Kombination meiner Erfahrungen und Recherchen entstammen. Selbstverständlich darfst du dich gern selbst schlau machen, welche Produkte für dich am besten geeignet sind. Es führen viele Wege nach Rom, und genauso viele Optionen existieren, deine ersten Satoshis zu erwerben und richtig zu verwahren.

Hardware-Wallets

Wie wir bereits gelernt haben, wird die sicherste Verwahrung deiner Bitcoins mit einer Hardware-Wallet gewährleistet. Hier einige meiner Empfehlungen.

Wichtig ist dabei, die Geräte nur von Originalherstellern und nicht von Zwischenhändlern zu bestellen! Sämtliche Produkte enthalten einfache und gut strukturierte Anweisungen, wie du deine erste Bitcoin-Wallet korrekt aufsetzt.

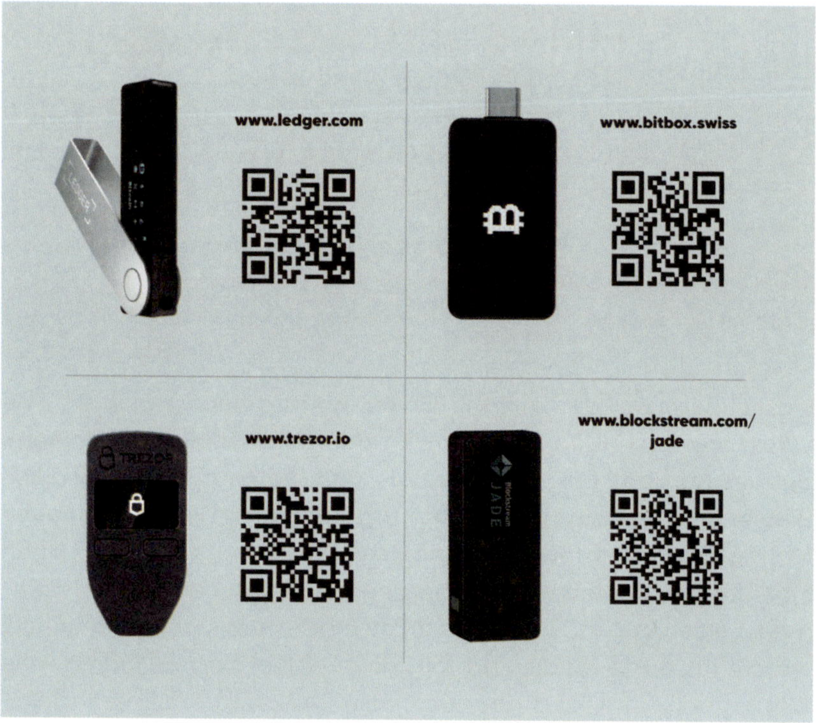

Bitcoin kaufen

Sämtliche Applikationen der oben aufgeführten Hardware-Wallets für das Mobiltelefon oder den Rechner können von der Originalwebseite heruntergeladen werden. Die meisten bieten mittlerweile den direkten Kauf von Bitcoin an. Dies ist sicherlich eine der einfachsten Methoden, kann aber je nach Zahlmethodik erhöhte Gebühren mit sich bringen, im Vergleich zu anderen Optionen. Bei den folgenden Banken und Börsen habe ich selbst bereits mehrfach Bitcoin gekauft und vereinzelt auch verkauft.

www.coinbase.com ist eine der ältesten und größten Kryptobörsen aus den USA. Dieses Unternehmen bietet seit 2012 den Kauf von Bitcoin und anderen Kryptowährungen an und wird von der SEC reguliert und überwacht.

www.relai.app ist ein Schweizer Unternehmen, welches sich ausschließlich auf Bitcoin fokussiert. Relai wird von der schweizerischen VQF[46] überwacht und gehört zu den Marktführern im DACH-Raum, wenn es um das einfache Aufsetzen von Bitcoin-Sparplänen geht. Mit dem Gutscheincode „**SUNNYDECREE**" kannst du 0,5 % Gebühren sparen und gleichzeitig unsere Arbeit unterstützen.

www.sygnum.com ist eine Schweizer Krypto-Bank mit einer Bankenlizenz der FINMA[47], welche sich auf Investitionen im sechsstelligen Bereich und höher konzentriert. Beim Onboarding-Prozess darfst du gern erwähnen, dass du durch dieses Buch auf die Sygnum aufmerksam geworden bist.

Das Angebot ist mittlerweile groß geworden und bietet für Investoren in jeder Größenordnung etwas an. Du musst selbst entscheiden, welcher Dienstleister für dich am besten passt. Zu deinem eigenen Schutz würde ich aber dringend raten, bei den regulierten und überwachten Dienstleistern zu bleiben.

---

46 Verein zur Qualitätssicherung von Finanzdienstleistungen.

47 Eidgenössische Finanzmarktaufsicht.

Wichtige Links

An dieser Stelle möchte ich dir noch ein paar interessante Links mitgeben, welche deine Reise in die Bitcoin- und Kryptowelt unterstützen können.

www.bitcoin.org

Offizielle Bitcoin Webseite.
Hier findest du grundlegende Informationen zu Bitcoin, den Download zur Bitcoin-Core-Software, das Bitcoin Whitepaper und Weiteres.

www.coinmarketcap.com

Übersicht Kryptomarkt.
Eine umfassende Plattform für Kryptowährungen und -börsen, welche Kurse, Marktkapitalisierungen, Volumen usw. sämtlicher Kryptowährungen anzeigt.

www.bitinfocharts.com/bitcoin/explorer

Bitcoin Blockchain Explorer.
Hier kannst du z. B. deine Bitcoin Adresse eingeben und deinen Kontostand oder Transaktionen einsehen.

www.mempool.space

Bitcoin-Mempool-Übersicht.
Ideal zum Evaluieren von Transaktionsgebühren und weiteren Funktionen.

www.bitcoinvisuals.com/lightning

Statistiken zum Bitcoin Lightning Network.
Hier findest du detaillierte Daten und Statistiken zur Leistung und Nutzung des Lightning Networks.

www.glassnode.com

On-Chain-Daten.
Daten, Analysen und Auswertungen mit Einbezug von Ereignissen auf der Blockchain.

www.tradingview.com

Charting-Plattform.
Ideal zur Analyse von Preisgrafiken diverser Anlageklassen.

www.reddit.com/r/bitcoin

Bitcoin-Reddit-Forum.
Ein Online-Community-Platz, auf dem man sich über Neuigkeiten und Ideen rund um Bitcoin austauscht.

Falls ich dich weiter auf deiner Bitcoin-Reise begleiten soll, darfst du mir gern auf den folgenden sozialen Medien folgen.

MARCO BÜHLER

SCHLUSSWORT

Es gäbe noch so viel mehr zu sagen, aber ich möchte mit diesem Werk bewusst nicht überfordern. Diese neue Technologie und diesen neuen Markt zu verstehen, erfordert Arbeit. Arbeit, die viele nicht aufwenden wollen, weil sie keine Zeit oder keine Lust haben. Leider gibt es aber keine Abkürzung. Meine letzten Worte sollen dich motivieren, selbst zu denken, eigene Entscheidungen zu treffen und vor allem am Ball zu bleiben. Es reicht nicht aus, nur ein Buch zu lesen und es dann gut sein zu lassen. Technologien und Märkte können sich täglich verändern, gerade in ihrer jungen Phase. Weiterbildung ist unabdingbar, um erfolgreich zu sein.

Mein letzter Hinweis für dich ist es, einen Account auf www.x.com zu eröffnen und dir einen guten Feed aufzubauen. Folge den Personen und Institutionen, welche qualitativ hochwertigen Inhalt veröffentlichen und nahe am Geschehen sind. Baue deinen Feed nach deinen Bedürfnissen weiter aus, bleibe dabei skeptisch und prüfe Informationen nach.

Ich wünsche dir viel Erfolg, denn Glück brauchst du jetzt nicht mehr.

DANKSAGUNGEN

Ein Dankeschön an Gianluca Spezzacatena für die Grafiken und das Coverdesign dieses Buches. Mein Dank gilt auch den Experten Dr. Christian Decker sowie einem Dr. von der Wirtschaftsuniversität Wien für ihr sorgfältiges Korrekturlesen und die Faktenprüfung. Ein besonderer Dank an meine Mutter, die mich zu der Person gemacht hat, die ich heute bin, und an meine bessere Hälfte, die mich stets motiviert – auch in schwierigen Zeiten. Zuletzt danke ich Satoshi Nakamoto für die Schaffung des ersten fairen Geldes in der Geschichte der Menschheit.

Danke.

LEXIKON

Das ABC
der Kryptowelt.

Zum Abschluss des Buches erweitern wir den Horizont mit einem Lexikon, das nicht nur dein Wissen über Bitcoin vertieft, sondern auch Einblicke in die gesamte Kryptolandschaft bietet. Obwohl ich als klarer Bitcoin-Befürworter keine Altcoins in meinem Investmentportfolio führe, halte ich es dennoch für essenziell, ein Verständnis für den gesamten Kryptomarkt zu haben. Falls du auf deiner zukünftigen Reise in der Kryptolandschaft mit Fachjargon konfrontiert wirst, können dir die folgenden Seiten als Hilfestellung dienen.

0 – 9

2FA (Two-Factor Authentication)

Eine Sicherheitsmaßnahme, die zwei verschiedene Methoden zur Identitätsbestätigung verlangt, um den Zugang zu einem Konto oder System zu gewähren; häufig genutzt für zusätzliche Sicherheit bei Online-Konten.

51%-Attack

Ein Angriff auf eine Blockchain, bei dem eine Einzelperson oder Gruppe kontrollierend über 51 % der Netzwerk-Mining-Leistung verfügt, was ihnen ermöglicht, Transaktionen zu manipulieren oder zu duplizieren.

A

Address

Eine einzigartige Zeichenkette, die als Empfangsadresse für Kryptowährungstransaktionen dient; vergleichbar mit einer Kontonummer.

Airdrop

Eine Marketingstrategie, bei der kostenlose Coins oder Tokens an Wallet-Adressen verteilt werden, oft um Aufmerksamkeit für ein neues Kryptowährungsprojekt zu gewinnen.

Algorithmic Stablecoin

Ein Stablecoin, dessen Wert durch Algorithmen geregelt wird, um ihn an den Wert einer bestimmten Währung wie den US Dollar zu binden, anstatt durch traditionelle Sicherheiten.

All-Time High (ATH)

Bezeichnet den höchsten Wert oder Preis, den ein Vermögenswert, eine Aktie, ein Index oder eine andere messbare Größe jemals erreicht hat.

All-Time Low (ATL)

Bezeichnet den tiefsten Wert oder Preis, den ein Vermögenswert, eine Aktie, ein Index oder eine andere messbare Größe jemals erreicht hat.

Altcoin Season

Ein Zeitraum, in dem Altcoins im Vergleich zu Bitcoin signifikant an Wert gewinnen.

Altcoins

Alle Kryptowährungen außer Bitcoin. Sie wurden oft mit dem Ziel entwickelt, bestimmte Aspekte von Bitcoin zu verbessern oder zu erweitern.

API (Application Programming Interface)

Eine Schnittstelle, die es verschiedenen Softwareanwendungen ermöglicht, miteinander zu interagieren; häufig verwendet für den Zugriff auf Webdienste oder Kryptowährungs-Marktdaten.

Arbitrage
Die Ausnutzung der Preisunterschiede handelbarer Anlageklassen auf verschiedenen Märkten, indem sie auf einem Markt gekauft und gleichzeitig auf einem anderen Markt zu einem höheren Preis verkauft werden.

ASIC
Ein Chip, der speziell für das effiziente Mining bestimmter Kryptowährungen konzipiert wurde, im Gegensatz zu allgemeinen Zwecken dienender Hardware.

Atomic Swap
Eine Technologie, die es ermöglicht, Kryptowährungen direkt zwischen zwei Parteien ohne die Notwendigkeit einer zentralen Partei oder Börse zu tauschen.

Audit
Eine unabhängige Überprüfung der Sicherheit und des Codes eines Kryptowährungsprojekts oder Smart Contracts; oft durchgeführt, um Schwachstellen zu identifizieren.

Automated Trading
Der Einsatz von Software-Algorithmen für den Handel mit Kryptowährungen, um von Marktbewegungen zu profitieren; oft basierend auf vordefinierten Kriterien und Signalen.

B

Bag
Ein Ausdruck für eine große Menge an Kryptowährungen, die ein Investor hält, insbesondere solche, deren Wert erheblich gefallen sind. Man spricht oft von „Holding a bag".

Bagholder
Ein Investor, der eine bestimmte Kryptowährung oder Aktie hält, deren Wert stark gefallen ist, in der Hoffnung auf eine zukünftige Erholung; oft zu lange, was zu erheblichen Verlusten führt.

Bear Market
Ein Markt, der durch fallende Preise gekennzeichnet ist, oft verbunden mit Pessimismus und einem negativen Sentiment unter Investoren.

Bitcoin
Die erste und bekannteste Kryptowährung, basierend auf der Blockchain-Technologie, die 2009 von einer unbekannten Person oder Gruppe unter dem Pseudonym Satoshi Nakamoto geschaffen wurde.

Bitcoin Dominance
Ein Maß für den Anteil von Bitcoin an der gesamten Marktkapitalisierung aller Kryptowährungen; oft verwendet, um die relative Stärke von Bitcoin gegenüber Altcoins zu beurteilen.

Block Explorer
Eine Online-Plattform, die detaillierte Informationen über Blöcke, Transaktionen und Adressen auf einer Blockchain zur Verfügung stellt; hilfreich für die Überprüfung von Transaktionen und die Analyse der Blockchain-Aktivität.

Block Height
Die Anzahl der Blöcke in der Blockchain von dem Genesis-Block bis zum aktuellen Block; ein Indikator für die Länge der Blockchain.

Block Reward
Die Belohnung, die Miner für das erfolgreiche Hinzufügen eines neuen Blocks zur Blockchain erhalten; oft in der nativen Kryptowährung der Blockchain.

Blockchain
Eine dezentralisierte und verteilte Datenbanktechnologie, die Transaktionen in Blöcken aufzeichnet, die chronologisch miteinander verbunden sind, um eine sichere und unveränderliche Aufzeichnung zu gewährleisten.

Blockchain-Trilemma
Ein Konzept, das die Herausforderungen bei der Erreichung von Skalierbarkeit, Sicherheit und Dezentralisierung in Blockchain-Netzwerken beschreibt; oft zitiert, um die Grenzen und Kompromisse in der Blockchain-Entwicklung zu diskutieren.

Bollinger Band
Ein technischer Analyseindikator, der aus einem Mittelwert und zwei Preisbändern besteht, die sich basierend auf der Volatilität des Marktes anpassen; verwendet, um Überkauf- oder Überverkaufszustände zu identifizieren.

Brain-Wallet
Eine Methode zur Speicherung von Kryptowährungen, bei der ein Passwort oder eine Phrase im Gedächtnis behalten wird, anstatt in physischer oder digitaler Form, was ein hohes Risiko birgt, wenn das Passwort vergessen wird.

Breakout
Ein Begriff aus der technischen Analyse, der einen plötzlichen und signifikanten Preisanstieg oder -fall über einen Widerstands- oder Unterstützungslevel hinaus beschreibt; oft interpretiert als Beginn eines neuen Trends.

Bridge
Eine Technologie oder Plattform, die es ermöglicht, Assets oder Daten zwischen zwei verschiedenen Blockchain-Netzwerken zu übertragen oder zu interoperieren.

Bull Market
Ein Markt, der durch steigende Preise gekennzeichnet ist; oft verbunden mit Optimismus und einem positiven Sentiment unter Investoren.

Byzantine Fault Tolerance
Die Fähigkeit eines verteilten Netzwerksystems, korrekt zu funktionieren und Konsens zu erreichen, selbst wenn einige der Knoten ausfallen oder bösartig handeln; ein Schlüsselaspekt in der Designphilosophie von Blockchain-Netzwerken.

C

CEX (Centralized Exchange)
Eine Online-Plattform, die den Kauf, Verkauf und Handel von Kryptowährungen unter der Kontrolle einer zentralen Autorität ermöglicht, im Gegensatz zu dezentralisierten Börsen (DEX).

Cold Storage | Cold-Wallet
Eine Methode zur sicheren Aufbewahrung von Kryptowährungs-Wallets offline, um sie vor Hacks und Diebstahl zu schützen.

Collateral
Vermögenswerte, die als Sicherheit für ein Darlehen oder eine andere finanzielle Verpflichtung hinterlegt werden; in der Kryptowelt oft verwendet bei DeFi-Darlehen oder beim Staking.

Confirmation
Die Bestätigung durch das Netzwerk, dass eine Kryptowährungstransaktion in einen Block auf der Blockchain aufgenommen und von den Netzwerkteilnehmern als gültig angesehen wurde.

Consensus
Der Prozess, durch den alle Teilnehmer eines dezentralisierten Netzwerks übereinkommen, den Zustand der Blockchain zu validieren und zu aktualisieren; essenziell für die Integrität und Sicherheit von Blockchain-Netzwerken.

Cross-Chain Compatibility
Die Fähigkeit, Transaktionen oder Informationen zwischen verschiedenen Blockchain-Netzwerken zu übertragen oder zu teilen; eine wichtige Komponente für die Interoperabilität im Blockchain-Ökosystem.

Cryptographic Signature
Eine digitale Signatur, die mit einem privaten Schlüssel erstellt wird, um die Authentizität und Integrität einer Nachricht oder Transaktion zu bestätigen; ein grundlegendes Element der Kryptographie in Blockchain-Netzwerken.

Cryptography
Die Wissenschaft der Verschlüsselung und Entschlüsselung von Informationen, um Sicherheit und Vertraulichkeit zu gewährleisten; eine Kernkomponente der Blockchain-Technologie und von Kryptowährungen.

Crypto Winter
Bezeichnet eine längere Periode, in der die Preise im Kryptomarkt niedrig bleiben und wenig positives Wachstum zu verzeichnen ist; oft begleitet von einem Verlust des allgemeinen Interesses.

D

DAO (Decentralized Autonomous Organization)
Eine Organisation, die vollständig auf Blockchain-Technologie basiert und durch Smart Contracts gesteuert wird, mit dem Ziel, eine dezentralisierte und autonome Governance-Struktur zu schaffen.

DApps (Decentralized Applications)
Anwendungen, die auf einer Blockchain-Plattform laufen und dezentralisiert sein sollten, was bedeutet, dass sie außerhalb der Kontrolle einer einzigen Autorität oder Entität operieren.

Data Mining
Der Prozess des Extrahierens nützlicher Informationen aus großen Datenmengen; nicht zu verwechseln mit Kryptowährungs-Mining, das sich auf den Prozess der Validierung von Transaktionen und die Erstellung neuer Blöcke bezieht.

Decentralization
Die Verteilung von Macht, Kontrolle oder Funktionen weg von einer zentralen Autorität hin zu einem verteilten Netzwerk; ein Schlüsselprinzip hinter Bitcoin.

Decentralized Exchange (DEX)
Eine Plattform für den Handel mit Kryptowährungen, die ohne eine zentrale Verwaltungsinstanz arbeitet, wodurch Benutzer direkt miteinander handeln können.

Deflation
Eine Verringerung des allgemeinen Preisniveaus von Waren und Dienstleistungen, oft verursacht durch eine Reduktion der Geldmenge oder des Kreditvolumens; im Gegensatz zur Inflation.

Diamond Hands
Investoren, die ihre Positionen auch bei starken Marktschwankungen halten, zeigen ihre Bereitschaft, erhebliche vorübergehende Verluste zu ertragen, in der Hoffnung auf zukünftige Gewinne.

Digital Asset
Ein nicht-physisches Asset, das digital existiert und dessen Eigentum oder Kontrolle durch digitale Technologie, wie Blockchain, gesichert ist.

Digital Identity
Eine Online- oder Netzwerkidentität, die von einem Individuum, einer Organisation oder einem Gerät genutzt wird, um in digitalen Transaktionen oder Interaktionen zu agieren.

Dip
Ein vorübergehender Rückgang des Marktpreises.

Disinflation
Ein Rückgang der Inflationsrate über einen Zeitraum, was bedeutet, dass die Preise immer noch steigen, aber in einem langsameren Tempo.

Distributed Ledger Technology (DLT)
Eine Datenbank, die über mehrere Standorte, Länder oder Institutionen verteilt ist, wobei Teilnehmer direkten Zugriff auf die Aufzeichnungen haben; eine Grundlage von Bitcoin.

Diversification (Diversifikation)
Die Strategie, Investitionen über verschiedene Anlageklassen, Sektoren oder Märkte zu verteilen, um das Risiko zu reduzieren.

Dollar-Cost-Averaging
Eine Investitionsstrategie, bei der regelmäßig ein fester Geldbetrag in ein Asset investiert wird, unabhängig von seinem aktuellen Preis, um langfristig eine geringere Durchschnittskostenbasis zu erreichen.

Double Spend
Der Versuch, dieselbe digitale Währungseinheit mehrmals auszugeben.

Downtime
Eine Periode, in der ein System oder Dienst nicht verfügbar oder offline ist; im Kontext von Kryptowährungen oft bezogen auf Börsen oder Wallets.

Dust Transactions
Sehr kleine Kryptowährungstransaktionen, die oft als „Staub" bezeichnet werden, da sie einen Wert haben, der geringer ist als die Gebühren für ihre Verarbeitung.

Dusting Attack
Eine Angriffsmethode, bei der winzige Mengen an Kryptowährung an zahlreiche Wallets verteilt werden, in der Absicht, die Privatsphäre der Wallet-Inhaber zu kompromittieren und ihre Identität zu enthüllen.

Dynamic Supply
Eine Anpassung des Angebots einer Kryptowährung basierend auf Marktbedingungen oder vordefinierten Regeln, um Stabilität oder andere ökonomische Ziele zu erreichen.

DYOR (Do Your Own Research)
Eine Aufforderung an Investoren und Interessenten, ihre eigene gründliche Recherche zu betreiben, bevor sie Investitionsentscheidungen treffen, anstatt blind den Empfehlungen anderer zu folgen.

E

EIP (Ethereum Improvement Proposal)
Ein Vorschlag zur Verbesserung des Ethereum-Netzwerks, der von der Community begutachtet und potenziell implementiert wird, ähnlich wie bei anderen Open-Source-Projekten.

Elliptic Curve Cryptography
Eine Form der öffentlichen Schlüsselkryptographie, die auf der Algebra der elliptischen Kurven über endlichen Feldern basiert, bietet ein hohes Maß an Sicherheit und wird in vielen Kryptowährungen verwendet.

Encryption
Die Umwandlung von Informationen oder Daten in einen Code, um Unbefugten den Zugriff oder das Verständnis zu verhindern; ein zentraler Bestandteil der digitalen Sicherheit und Kryptographie.

ERC-20
Ein technischer Standard, der für Smart Contracts auf der Ethereum-Blockchain verwendet wird und die Ausgabe und Implementierung von Tokens erleichtert; die weit verbreitete Basis für Ethereum-basierte Tokens.

ERC-721
Ein technischer Standard auf der Ethereum-Blockchain, der für die Erstellung von nicht austauschbaren Tokens (NFTs) verwendet wird, ermöglicht die Erstellung einzigartiger digitaler Assets wie Kunstwerke oder Sammlerstücke.

Escrow
Ein finanzielles Arrangement, bei dem ein Dritter die Vermögenswerte im Namen der Transaktionsparteien hält und verwaltet, bis die Bedingungen der Vereinbarung erfüllt sind; oft verwendet in der Kryptowelt für sichere Transaktionen.

Exchange
Eine Plattform, die den Kauf, Verkauf und Handel von Kryptowährungen ermöglicht, kann zentralisiert (CEX) oder dezentralisiert (DEX) sein.

Exchange Rate
Das Verhältnis, zu dem eine Währung gegen eine andere ausgetauscht werden kann; relevant für Kryptowährungen beim Tausch gegen Fiat-Währungen oder andere Kryptos.

Exit Scam

Ein Betrug, bei dem Kryptowährungsprojektentwickler Investorengelder sammeln und dann spurlos verschwinden, ohne die versprochenen Ergebnisse oder Produkte zu liefern.

F

Faucet

Eine Webseite oder Anwendung, die kleine Mengen an Kryptowährung kostenlos abgibt, oft als Mittel, um Neulingen den Einstieg zu erleichtern oder als Belohnung für kleine Aufgaben.

Fiat

Traditionelle Währungen, die von Regierungen ausgegeben werden und nicht durch eine physische Ware wie Gold oder Silber gedeckt sind, sondern durch das Vertrauen in die ausgebende Regierung, z. B. US-Dollar, Euro oder Schweizer Franken.

Fiat-to-Crypto Exchange

Eine Börse, die den Austausch von traditionellen Fiat-Währungen gegen Kryptowährungen ermöglicht; ein wichtiger Zugangspunkt für neue Krypto-Investoren.

Flash Loan

Ein unbesichertes Darlehen in der DeFi-Welt, das innerhalb eines einzigen Blockchain-Transaktionsblocks aufgenommen und zurückgezahlt wird; ermöglicht komplexe Handels- und Arbitragestrategien ohne Vorabkapital.

FOMO (Fear Of Missing Out)

Die Angst, eine profitable Investition oder Gelegenheit zu verpassen, führt oft dazu, dass Investoren voreilig handeln und zu hohen Preisen kaufen.

Fork

Eine Änderung der Protokollregeln einer Blockchain, die zu zwei getrennten Versionen der Blockchain führt: einem Hard Fork, der nicht rückwärtskompatibel ist, und einem Soft Fork, der es ist.

Fractional Reserve Banking

Ein Bankensystem, in dem Banken nur einen Bruchteil der Einlagen als Reserven halten und den Rest verleihen; im Gegensatz zum Konzept der vollständigen Reserven.

Front Running

Bezeichnet die unethische Praxis, aufgrund privilegierter Informationen Transaktionen vor anderen Marktteilnehmern durchzuführen, um von erwarteten Preisbewegungen zu profitieren.

FUD-Verbreitung (Fear, Uncertainty, and Doubt)
Eine Strategie, bei der negative, vage oder irreführende Informationen verbreitet werden, um den Preis einer Kryptowährung zu manipulieren oder den Markt zu beeinflussen.

Full Node
Ein Netzwerkknoten, der eine vollständige Kopie der Blockchain-Datenbank speichert und zur Verifizierung und Weiterleitung von Transaktionen beiträgt; essenziell für die Dezentralisierung und Sicherheit von Blockchain-Netzwerken.

Fungibility
Die Eigenschaft eines Gutes oder einer Währung, bei der jede Einheit austauschbar und von gleichem Wert wie jede andere gleichartige Einheit ist; ein Schlüsselmerkmal traditioneller Währungen und vieler Kryptowährungen.

Futures Contract
Ein vertragliches Finanzinstrument, das den Kauf oder Verkauf eines Vermögenswerts zu einem festgelegten Preis zu einem zukünftigen Zeitpunkt verpflichtet; in der Kryptowelt genutzt für spekulative Zwecke oder zum Hedging.

G

Gains
Der Profit, der aus Kryptowährungsinvestitionen generiert wird.

Game Theory
Ein Studienfeld, das mathematische Modelle von strategischen Interaktionen zwischen rationalen Entscheidungsträgern untersucht; wichtig für das Design von Konsensmechanismen in Blockchain-Netzwerken.

Gas
Ein Maß für die Menge an Rechenaufwand, der zur Ausführung von Operationen wie Transaktionen oder Smart Contracts auf der Ethereum-Blockchain erforderlich ist; mit Gaspreisen, die in Ether gezahlt werden.

Genesis-Block
Der erste Block einer Blockchain; erstellt bei der Gründung der Blockchain; enthält oft eine Referenz auf kulturelle oder politische Ereignisse als eine Art Zeitstempel oder Botschaft.

Governance Token
Ein Token, das Inhabern Stimmrechte oder Einfluss auf die Richtung und Politik eines dezentralen Projekts oder einer Organisation (DAO) gewährt; ein Instrument zur Förderung der dezentralen Governance.

GPU Mining
Der Prozess des Minings von Kryptowährungen unter Verwendung von Grafikprozessoren (GPUs).

H

Halving
Ein vorprogrammiertes Ereignis in einigen Kryptowährungen, bei dem die Belohnung für das Mining neuer Blöcke halbiert wird, um die Inflation zu begrenzen und die Knappheit zu erhöhen; bekannt vor allem bei Bitcoin.

Halving Cycle
Die Periode zwischen zwei Halvings in einer Kryptowährung, bei Bitcoin etwa alle vier Jahre; beeinflusst oft die Marktzyklen und Preisspekulationen.

Hard Fork
Eine dauerhafte Änderung oder Aktualisierung der Protokollregeln einer Blockchain, die nicht rückwärtskompatibel ist. Diese Änderung führt dazu, dass die Blockchain in zwei separate Ketten aufgespalten wird: eine, die den neuen Regeln folgt, und eine, die weiterhin den alten Regeln folgt.

Hardware-Wallet
Ein physisches Gerät, das Kryptowährungs-Private-Keys offline speichert und Transaktionen signiert; bietet erhöhte Sicherheit im Vergleich zu Online- und Software-Wallets.

Hash-Prozess (Hashing)
Eine Funktion, die Daten jeglicher Größe nimmt und einen festen Ausgabewert produziert; essenziell für die Sicherheit und Funktionsweise von Kryptowährungen und Blockchain-Netzwerken.

HD-Wallet (Hierarchical Deterministic Wallet)
Ein Kryptowährungs-Wallet, das eine Baumstruktur von Schlüsseln aus einem einzigen Ausgangspunkt (Seed) erzeugt; ermöglicht eine einfache Wiederherstellung und Verwaltung mehrerer Adressen aus einem Seed.

Hedging
Eine Investmentstrategie, die darauf abzielt, potenzielle Verluste in einem Portfolio zu reduzieren oder auszugleichen; oft durch den Einsatz von Derivaten oder anderen Finanzinstrumenten.

Hexadecimal
Ein Zahlensystem mit der Basis 16; verwendet in der Computerwissenschaft und Kryptographie, um binäre Daten in einer kompakteren und leichter verständlichen Form darzustellen.

HFT (High-Frequency Trading)
Eine Handelsstrategie, die fortschrittliche Algorithmen und hohe Transaktionsgeschwindigkeiten nutzt, um von kleinen Preisunterschieden auf den Märkten zu profitieren; angewendet in Kryptowährungs- und traditionellen Finanzmärkten.

HODL
Ein Slang-Ausdruck in der Kryptowährungs-Community, der ursprünglich aus einem Tippfehler für „hold" entstand; bedeutet, Kryptowährungen trotz der Marktvolatilitat langfristig zu halten.

Hot-Wallet
Eine Kryptowährungs-Wallet, die mit dem Internet verbunden ist und für den täglichen Gebrauch konzipiert ist; bietet Komfort, ist aber anfälliger für Online-Angriffe im Vergleich zu Cold-Wallets.

I

ICO (Initial Coin Offering)
Ein Crowdfunding-Mechanismus, bei dem neue Projekte ihre eigenen Tokens im Austausch gegen Ether, Bitcoin oder andere Kryptowährungen verkaufen, um Startkapital für ihre Entwicklung zu sammeln.

IEO (Initial Exchange Offering)
Eine Variante eines ICO, bei der das Crowdfunding über eine Kryptowährungsbörse abgewickelt wird, bietet zusätzliche Sicherheit und Glaubwürdigkeit durch die Beteiligung der Börse.

Illiquid
Ein Zustand oder Markt, in dem Vermögenswerte nicht leicht oder schnell ohne signifikante Preisänderungen verkauft werden können, oft aufgrund mangelnder Käufer oder Verkäufer.

Immutable
Eine Eigenschaft von Blockchain-Daten, die bedeutet, dass einmal hinzugefügte Informationen nicht verändert oder gelöscht werden können; bietet Sicherheit und Vertrauen in die Unveränderlichkeit der Aufzeichnungen.

Impermanent Loss
Ein vorübergehender Verlust von Wert, der in einem Liquiditätspool von DeFi-Plattformen auftreten kann, wenn sich die Preise der in den Pool eingelegten Assets ändern; ein Risiko für Liquiditätsanbieter.

Input
In einer Blockchain-Transaktion der Teil, der angibt, von welcher Adresse und in welcher Menge Kryptowährung gesendet wird; im Gegensatz zum Output, der den Empfänger angibt.

Inflation
Die Rate, mit der das allgemeine Preisniveau von Waren und Dienstleistungen steigt und die Kaufkraft des Geldes im Laufe der Zeit verringert.

Interoperability
Die Fähigkeit verschiedener Blockchain-Netzwerke und -Systeme, miteinander zu kommunizieren und Informationen oder Werte auszutauschen; ein Ziel für die Verbesserung der Funktionalität und Nutzbarkeit des Blockchain-Ökosystems.

K

Key Generation
Der Prozess der Erzeugung von kryptographischen Schlüsseln (öffentlichen und privaten Schlüsseln) für die Verschlüsselung, digitale Signaturen oder andere Sicherheitsfunktionen in Kryptowährungen und Blockchain-Technologien.

Know Your Customer (KYC)
Ein Verifizierungsprozess, bei dem Unternehmen die Identität ihrer Kunden überprüfen, um Betrug und Geldwäsche zu bekämpfen; in der Kryptowährungswelt oft gefordert von Börsen.

L

Layer 1
Die grundlegende Ebene einer Blockchain-Infrastruktur, die das Hauptprotokoll und die Netzwerkregeln umfasst; im Gegensatz zu Layer 2, der auf Layer 1 aufbaut, um Skalierbarkeit oder Funktionalität zu verbessern.

Layer 2 Scaling
Lösungen, die auf der grundlegenden Blockchain-Infrastruktur (Layer 1) aufbauen, um die Skalierbarkeit zu erhöhen, ohne das Hauptnetzwerk zu belasten, beispielsweise durch Off-Chain-Transaktionen oder State Channels.

Leverage
Die Verwendung geliehenen Kapitals, um die potenzielle Rendite einer Investition zu erhöhen; in der Kryptowelt oft genutzt in Handelsgeschäften, kann aber das Risiko von Verlusten vergrößern.

Lightning Network
Ein Layer-2-Zahlungsprotokoll, das auf der Bitcoin-Blockchain aufbaut, um schnelle und kostengünstige Transaktionen zu ermöglichen, indem es ein Netzwerk von Zahlungskanälen nutzt.

Limit Order
Eine Anweisung, ein Finanzinstrument zu einem bestimmten Preis oder besser zu kaufen oder zu verkaufen.

Liquidation
Der Prozess des Verkaufs von Vermögenswerten, oft erzwungen in Margenhandelsgeschäften, wenn der Kontostand unter die erforderliche Wartungsmarge fällt, um Verluste zu decken.

Liquidity
Die Fähigkeit eines Marktes, große Transaktionen zu absorbieren, ohne dass dies zu erheblichen Preisänderungen führt; ein wichtiger Faktor für die Stabilität und Effizienz von Kryptowährungsmärkten.

Liquidity Mining
Eine Methode, bei der Nutzer Belohnungen für das Bereitstellen von Liquidität in Form von Kryptowährungen in einem Pool auf einer DeFi-Plattform erhalten; fördert die Teilnahme und unterstützt die Funktionalität der Plattform.

Liquidity Pool
Ein Pool von Kryptowährungen, der in einem Smart Contract auf einer DeFi-Plattform gespeichert ist, um Handel und andere Finanzdienstleistungen zu ermöglichen, indem er Liquidität bereitstellt.

Liquidity Provider (LP)
Ein Teilnehmer, der seine Kryptowährungen in einen Liquidity Pool einzahlt, um Handel zu ermöglichen und im Gegenzug Transaktionsgebühren oder andere Belohnungen erhält.

Locked Staking
Eine Form des Stakings, bei der Kryptowährungen für einen bestimmten Zeitraum gesperrt werden, um Netzwerksicherheit oder Governance-Funktionen zu unterstützen; oft mit Belohnungen für die Teilnehmer.

Long
Eine Investitionsposition, die auf der Erwartung basiert, dass der Preis eines Assets steigen wird. In der Krypto-Welt bezieht sich „going long" auf die optimistische Spekulation auf Preissteigerungen.

M

Mainnet
Das Hauptnetzwerk einer Blockchain, auf dem die tatsächlichen Transaktionen stattfinden; im Gegensatz zum Testnet, das für Tests und Entwicklungen genutzt wird.

Mainnet Launch
Der offizielle Start des Hauptnetzwerks einer Blockchain; markiert den Übergang von der Entwicklungs- und Testphase zur vollständigen Betriebsbereitschaft.

Maker-Taker Fee Model
Ein Gebührenmodell auf Kryptowährungsbörsen, bei dem „Maker" (die Liquidität bereitstellen) niedrigere Gebühren zahlen als „Taker" (die Liquidität entnehmen); fördert die Marktliquidität.

Market Capitalization (Market Cap)
Die Marktkapitalisierung spiegelt den Gesamtwert eines Vermögenswerts wider; ermittelt durch Multiplikation seines Kurses mit der Anzahl umlaufender Einheiten.

Market Maker
Ein Teilnehmer auf Finanzmärkten, der kontinuierlich Kauf- und Verkaufsangebote für einen Vermögenswert zu einem festgelegten Preis anbietet, um Liquidität und Handel zu fördern.

Masternode
Ein Netzwerkknoten, der eine besondere Rolle innerhalb eines Blockchain-Netzwerks einnimmt; oft mit zusätzlichen Funktionen wie Governance oder schnellen Transaktionen; erfordert in der Regel eine signifikante Menge an Kryptowährung als Stake.

Max Supply
Die maximale Anzahl von Coins oder Tokens, die jemals für eine bestimmte Kryptowährung existieren werden; ein wichtiges Maß für das potenzielle Angebot und die Inflationskontrolle.

Mempool
Eine Sammlung unbestätigter Transaktionen im Bitcoin-Netzwerk, die darauf warten, in einen Block aufgenommen und von Minern gegen eine Gebühr verarbeitet zu werden.

Merkle Proof
Ein kryptographischer Beweis, der es ermöglicht, die Zugehörigkeit eines einzelnen Datenelements zu einem Datensatz effizient zu verifizieren, ohne den gesamten Datensatz offenlegen zu müssen; verwendet in Blockchain-Transaktionen für Sicherheit und Effizienz.

Metaverse
Ein virtueller Raum, der durch die Konvergenz von virtueller Realität, Augmented Reality und dem Internet geschaffen wird; zunehmend verbunden mit Blockchain-Technologie und Kryptowährungen für Eigentums- und Transaktionsfunktionen.

Microtransaction
Eine sehr kleine finanzielle Transaktion; oft online durchgeführt; in der Kryptowährungswelt ermöglicht durch die niedrigen Transaktionskosten einiger Blockchain-Netzwerke.

Mining
Der Prozess der Validierung von Transaktionen und der Erstellung neuer Blöcke in einer Blockchain durch Hashing; belohnt mit Kryptowährung; essenziell für die Sicherheit und Funktionsweise von Proof-of-Work-Blockchain-Netzwerken.

Mining Difficulty
Ein Maß dafür, wie schwierig es ist, den Hash eines Blocks zu finden, der unterhalb eines bestimmten Zielwerts liegt; in Proof-of-Work-Blockchain-Netzwerken verwendet, um die Rate der Blockerstellung zu regulieren.

Mining Farm
Eine große Sammlung von Hardware, die speziell für das Mining von Kryptowährungen konzipiert ist; oft professionell betrieben, um effizient große Mengen von Kryptowährung zu minen.

Mining Pool
Eine Gruppe von Minern, die ihre Rechenleistung bündeln, um die Chancen auf das Finden eines Blocks zu erhöhen und die Belohnungen unter den Teilnehmern zu teilen; erhöht die Effizienz und Stabilität des Minings für Einzelpersonen.

Mining Rig
Ein speziell konfiguriertes Computersystem, das für das Mining von Kryptowährungen optimiert ist; kann aus mehreren Grafikprozessoren (GPUs) oder spezialisierten Mining-Hardwares (ASICs) bestehen.

Mixing Service
Ein Dienst, der Transaktionen von mehreren Nutzern kombiniert, um die Herkunft von Kryptowährungen zu verschleiern; oft genutzt, um die Privatsphäre zu erhöhen, kann jedoch auch für zweifelhafte Zwecke eingesetzt werden.

Mobile-Wallet
Eine Kryptowährungs-Wallet, die als App auf einem mobilen Gerät installiert wird, bietet bequemen Zugang zu Kryptowährungen, aber mit potenziellen Sicherheitsrisiken bei Verlust oder Diebstahl des Geräts.

Mnemonic Phrase
Eine Reihe von Wörtern, die als Back-up für Kryptowährungs-Wallets generiert werden; ermöglicht die Wiederherstellung von Wallets und den Zugriff auf die darin gespeicherten Kryptowährungen, sollte die ursprüngliche Zugriffsmethode verloren gehen.

Moon | Mooning
Ein Slang-Ausdruck, der in der Kryptowährungs-Community verwendet wird, um einen starken und schnellen Anstieg im Preis einer Kryptowährung zu beschreiben; oft in Verbindung mit großem Optimismus und Spekulation.

Multichain
Ein Ökosystem, das die Interoperabilität und den Austausch zwischen verschiedenen Blockchain-Netzwerken ermöglicht; unterstützt die Schaffung von interoperablen Blockchain-Anwendungen und -Diensten.

Multisig-Wallet
Eine Kryptowährungs-Wallet, die die Genehmigung von mehr als einem privaten Schlüssel erfordert, um Transaktionen zu autorisieren; bietet erhöhte Sicherheit durch Verteilung der Kontrolle über die Mittel.

N

Native Token
Ein Token, das als die primäre Einheit der Währung auf einer bestimmten Blockchain fungiert; oft verwendet für Transaktionsgebühren, Governance oder andere Netzwerkfunktionen.

Network Fee
Eine Gebühr, die für die Durchführung einer Transaktion auf einem Blockchain-Netzwerk erhoben wird; bezahlt an Miner oder Validatoren, um die Netzwerksicherheit und -funktionalität zu unterstützen.

Nocoiner
Jemand, der keine Kryptowährungen besitzt und oft skeptisch oder kritisch gegenüber dem Wert und der Zukunft von Kryptowährungen ist.

Node
Ein Computer oder Gerät, das mit einem Blockchain-Netzwerk verbunden ist und dazu beiträgt, Transaktionen zu verifizieren und weiterzuleiten; essenziell für die Dezentralisierung und Funktionsfähigkeit des Netzwerks.

Noob
Bezeichnet eine Person, die neu in der Welt der Kryptowährungen ist und sich erst am Anfang ihres Lernweges befindet.

Non-Fungible Token (NFT)
Ein einzigartiges digitales Asset, das auf einer Blockchain gespeichert ist; oft verwendet für digitale Kunst, Sammlerstücke oder andere einzigartige Gegenstände; nicht austauschbar und mit individuellem Wert.

Nonce (Number only used once)
Bezeichnet eine Zahl, die in einem kryptographischen Kontext nur einmal verwendet wird; insbesondere in der Blockchain-Technologie, um den Hashwert eines Blocks zu verändern und somit dessen Gültigkeit zu beweisen.

O

Off-chain
Transaktionen oder Aktivitäten, die außerhalb der Blockchain stattfinden; oft verwendet, um Skalierbarkeit zu erhöhen oder Gebühren zu reduzieren, muss jedoch von On-Chain-Mechanismen unterstützt oder verifiziert werden.

On-chain Governance
Ein System, in dem Änderungen an der Blockchain oder ihren Protokollen direkt durch Abstimmungen innerhalb der Blockchain selbst entschieden werden; ermöglicht eine dezentralisierte und transparente Entscheidungsfindung.

Open Source
Software, deren Quellcode öffentlich zugänglich ist und von der Community geprüft, verwendet und modifiziert werden kann; ein häufiges Merkmal von Blockchain-Projekten; fördert Transparenz und Vertrauen.

Oracle Problem
Die Herausforderung, vertrauenswürdige und zuverlässige externe Daten in eine Blockchain oder Smart Contracts zu integrieren, ohne die Sicherheit oder Dezentralisierung zu kompromittieren; ein Schlüsselproblem für die Funktionalität und Anwendbarkeit von Smart Contracts.

Order Book
Ein Register aller Kauf- und Verkaufsangebote für einen bestimmten Vermögenswert auf einer Börse; zeigt die aktuelle Markttiefe und Liquidität; wichtig für die Preisfindung und Marktanalyse.

Overbought
Ein Zustand, in dem ein Asset aufgrund von übermäßigem Kaufdruck als überbewertet gilt und eine Korrektur wahrscheinlich ist.

Oversold
Das Gegenteil von Overbought; ein Zustand, in dem ein Asset aufgrund von übermäßigem Verkaufsdruck als unterbewertet gilt, was oft eine Kaufgelegenheit darstellt.

Over-the-Counter (OTC)
Ein Handel, der direkt zwischen zwei Parteien ohne die Verwendung einer öffentlichen Börse stattfindet; oft für große Transaktionen genutzt, um Preisbewegungen zu minimieren.

Output
In einer Blockchain-Transaktion der Teil, der den Empfänger und die Menge der gesendeten Kryptowährung angibt; im Gegensatz zum Input, der den Absender angibt.

P

P2P (Peer-to-Peer)
Ein Netzwerkmodell, in dem Teilnehmer direkt miteinander interagieren, ohne die Notwendigkeit einer zentralen Autorität; grundlegend für die Funktionsweise von Blockchain-Netzwerken und Kryptowährungen.

P2PKH (Pay to Public Key Hash)
Ein Bitcoin-Adressformat, das eine kryptographische Hash-Funktion verwendet, um die öffentliche Adresse aus einem öffentlichen Schlüssel zu erstellen; verbessert die Sicherheit und Privatsphäre.

P2SH (Pay to Script Hash)
Ein Adressformat in Bitcoin und einigen anderen Kryptowährungen, das es ermöglicht, Transaktionen an ein Skript zu senden, anstatt an eine einzelne Adresse; unterstützt komplexere Transaktionstypen wie Multisig.

Paper-Wallet
Eine physische Kopie oder ein Ausdruck eines Kryptowährungs-Private-Keys und der öffentlichen Adresse; bietet eine Form der Cold Storage, birgt jedoch Risiken bei Beschädigung oder Verlust.

Parity
Gleichheit oder Äquivalenz; in der Kryptowährungswelt oft bezogen auf den Wechselkurs zwischen verschiedenen Währungen oder Assets, z. B. wenn ein Stablecoin 1:1 mit dem US-Dollar gehandelt wird.

Passphrase
Eine Reihe von Wörtern oder ein Satz, der als zusätzliche Sicherheitsebene für den Zugriff auf Kryptowährungs-Wallets dient; ähnlich einer Mnemonic Phrase, aber oft als zweite Verteidigungslinie verwendet.

Payment Channel
Ein Mechanismus, der es Teilnehmern ermöglicht, mehrere Transaktionen außerhalb der Hauptblockchain durchzuführen und später zu begleichen; verbessert die Skalierbarkeit und reduziert Gebühren beispielsweise im Lightning Network von Bitcoin.

Peg
Wenn der Wert einer Kryptowährung fest an den Wert einer anderen Währung oder eines anderen Vermögens gebunden ist, um ihren Preis stabil zu halten; besonders bei Stablecoins.

Permissioned Blockchain
Eine Blockchain, bei der der Zugang und die Teilnahme durch eine zentrale Autorität oder ein Regelwerk kontrolliert werden; im Gegensatz zu einer offenen, permissionless Blockchain.

Permissionless Blockchain
Eine öffentliche Blockchain, die jedem erlaubt, teilzunehmen und Transaktionen durchzuführen oder zu validieren, ohne vorherige Genehmigung; fördert Dezentralisierung und Offenheit.

Ponzi Scheme
Ein betrügerisches Investitionsschema, das Gewinne für frühere Investoren mit dem Kapital neuer Investoren generiert, anstatt durch legitime Unternehmensgewinne.

Phishing
Eine betrügerische Praxis, bei der Angreifer versuchen, sensible Informationen wie Passwörter oder Private Keys durch Vortäuschung einer vertrauenswürdigen Entität in elektronischer Kommunikation zu erlangen; ein verbreitetes Sicherheitsrisiko in der Kryptowelt.

Pre-Mining
Die Erzeugung einer bestimmten Menge an Kryptowährungstokens vor der öffentlichen Veröffentlichung und Verteilung; oft kritisiert, da es den Entwicklern oder Frühinvestoren einen unfairen Vorteil verschaffen kann.

Privacy Coin
Eine Kryptowährung, die erweiterte Technologien nutzt, um die Privatsphäre und Anonymität von Transaktionen zu verbessern; z. B. durch Verschleierung von Transaktionsdetails.

Privacy Protocol
Ein Protokoll oder Mechanismus, der darauf abzielt, die Privatsphäre und Anonymität innerhalb einer Blockchain oder bei Kryptowährungstransaktionen zu erhöhen; oft durch den Einsatz von Kryptographie oder anderen Techniken.

Private Blockchain
Eine Blockchain, die in einem geschlossenen Netzwerk betrieben wird; mit Zugangs- und Teilnahmebeschränkungen; oft für Unternehmens- oder Gruppenanwendungen verwendet.

Private Key
Ein geheimer Schlüssel, der zur Signierung von Transaktionen und zum Zugriff auf Kryptowährungen innerhalb einer Wallet verwendet wird; muss sicher aufbewahrt werden, um unbefugten Zugriff zu verhindern.

Proof of Stake (PoS)
Konsensmechanismus in Blockchain-Netzwerken, der Transaktionen und neue Blöcke auf Basis des Anteils eines Nutzers validiert. Er wurde als energieeffiziente Alternative zu Proof of Work entwickelt und wird unter anderem bei Ethereum eingesetzt.

Proof of Work (PoW)
Ein Konsensmechanismus, der durch den Hash-Prozess neue Blöcke zur Blockchain hinzufügt und Transaktionen validiert. Neben hoher Sicherheit gegen Angriffe und der Förderung der Dezentralisierung ist PoW jedoch energieintensiv und wird bei Bitcoin eingesetzt.

Protocol
Die grundlegenden Regeln und Standards, die bestimmen, wie Daten innerhalb eines Netzwerks übertragen und verarbeitet werden; in der Blockchain-Technologie verwendet, um die Funktionsweise des Netzwerks zu definieren.

Public Blockchain
Eine offene und dezentralisierte Blockchain, die jedem erlaubt, teilzunehmen und Transaktionen durchzuführen oder zu validieren; fördert Transparenz und Sicherheit.

Public Key
Ein öffentlicher Schlüssel, der zusammen mit einem privaten Schlüssel in der Kryptographie verwendet wird; ermöglicht es anderen, Nachrichten zu verschlüsseln oder Transaktionen zu signieren, die nur mit dem entsprechenden privaten Schlüssel entschlüsselt oder genehmigt werden können.

Public Ledger
Ein öffentlich einsehbares Register oder Ledger, das alle Transaktionen innerhalb eines Blockchain-Netzwerks aufzeichnet; ermöglicht Transparenz und Nachvollziehbarkeit.

Pump and Dump
Eine betrügerische Praxis, bei der der Preis eines Assets künstlich aufgeblasen wird (Pump), um bei einem höheren Preis zu verkaufen (Dump); führt zu künstlichen Preisbewegungen und kann unerfahrene Investoren schädigen.

Q

Quantum Resistance
Die Fähigkeit eines kryptographischen Systems, Sicherheit gegen Angriffe zu bewahren, die von Quantencomputern ausgeführt werden könnten; ein zunehmend wichtiger Aspekt bei der Entwicklung von Kryptowährungen und Blockchain-Technologien.

R

Ransomware
Eine Art von Malware, die Daten auf dem Gerät eines Opfers verschlüsselt oder den Zugang einschränkt, bis ein Lösegeld, oft in Kryptowährung, bezahlt wird; ein wachsendes Sicherheitsrisiko im digitalen Zeitalter.

Rekt
Ein Slang-Ausdruck, der in der Kryptowährungs-Community verwendet wird, um jemanden zu beschreiben, der einen signifikanten finanziellen Verlust erlitten hat, oft als Folge von spekulativen Investitionen oder Handelsfehlern.

Remittance
Die Überweisung von Geldmitteln von einem Ort zum anderen, oft über Grenzen hinweg; in der Kryptowährungswelt genutzt, um schnelle und kostengünstige internationale Überweisungen zu ermöglichen.

Reserve Currency
Eine Währung, die von Zentralbanken und großen Finanzinstitutionen als Teil ihrer Devisenreserven gehalten wird, oft aufgrund ihrer Stabilität und weltweiten Akzeptanz; in der Kryptowelt angestrebt von einigen Stablecoins.

Resistance Level
Ein Preisniveau, bei dem der Verkaufsdruck tendenziell den Aufwärtstrend eines Assets übersteigt, was zu einer Preisstagnation oder einem Rückgang führt; ein Konzept aus der technischen Analyse.

Return on Investment (ROI)
Die Rendite, die aus einer Investition erzielt wird; ausgedrückt als Prozentsatz des investierten Kapitals; ein wichtiges Maß für die Bewertung der Performance von Kryptowährungsinvestitionen.

Reversible Transactions
Transaktionen, die nach ihrer Durchführung rückgängig gemacht oder geändert werden können; im Gegensatz zu den meisten Blockchain-Transaktionen, die irreversibel sind und nicht geändert werden können, sobald sie bestätigt wurden.

Risk Management
Der Prozess der Identifizierung, Bewertung und Priorisierung von Risiken; gefolgt von koordinierten und wirtschaftlichen Anstrengungen, um ihre Wahrscheinlichkeit oder Auswirkungen zu minimieren; essenziell bei Kryptowährungshandel und -investitionen.

Roadmap
Ein dokumentierter Plan, der die Ziele, Meilensteine und Zeitpläne eines Projekts oder Unternehmens beschreibt; in der Kryptowährungswelt oft verwendet, um die Entwicklungspläne und Ziele von Blockchain-Projekten darzustellen.

Rollback
Das Rückgängigmachen von Transaktionen oder Änderungen in einer Datenbank oder einem System; in Blockchain-Netzwerken kontrovers, da es die Unveränderlichkeit und Sicherheit beeinträchtigen kann.

Rug Pull
Ein Betrug, bei dem Entwickler eines Kryptowährungsprojekts Investorengelder sammeln und dann mit dem Geld verschwinden; oft verbunden mit betrügerischen Projekten oder Pump-and-Dump-Schemata.

S

Satoshi Nakamoto
Das Pseudonym der Person oder Gruppe, die Bitcoin und die erste Blockchain-Datenbank erfunden hat, bleibt anonym und seine/ihre/ihre Identität ist bis heute ein Geheimnis.

Sats
Kurzform für Satoshis, die kleinste Einheit von Bitcoin.

Scalability
Die Fähigkeit eines Systems, effizient zu wachsen und seine Leistung zu erhöhen, um mit einer größeren Anzahl von Transaktionen oder Nutzern umzugehen; eine Herausforderung für viele Blockchain-Netzwerke.

SDK (Software Development Kit)
Eine Sammlung von Software-Tools und Bibliotheken, die Entwicklern zur Verfügung gestellt werden, um die Entwicklung von Anwendungen zu erleichtern; in der Blockchain-Technologie genutzt, um DApps und andere blockchainbasierte Lösungen zu erstellen.

Seed-Phrase
Eine Reihe von Wörtern, die als Wiederherstellungsschlüssel für Blockchain-Wallets generiert werden; ermöglicht den Zugriff auf Kryptowährungen und andere digitale Assets, sollte der Zugang zur Wallet verloren gehen.

Segregated Witness (SegWit)
Ein Protokoll-Upgrade für die Bitcoin-Blockchain, das darauf abzielt, die Skalierbarkeit zu verbessern, indem es die Größe von Transaktionen reduziert und mehr Transaktionen pro Block ermöglicht.

Sell Wall
Eine große Verkaufsorder auf einer Kryptowährungsbörse, die als Hindernis für den Preisanstieg wirkt; oft in Orderbüchern sichtbar und ein Indikator für starken Verkaufsdruck.

Settlement Layer
Die Schicht einer Blockchain, auf der Transaktionen endgültig und unveränderlich aufgezeichnet werden; dient als vertrauenswürdige Quelle der Wahrheit und ermöglicht den sicheren Austausch von Werten.

Shill
Eine Person oder Methode, die aggressiv ein Kryptowährungsprojekt oder Produkt bewirbt; oft in eigennütziger Absicht, um den Preis zu steigern oder persönlichen Gewinn zu erzielen.

Side Chain
Eine separate Blockchain, die an eine Hauptblockchain angebunden ist; ermöglicht die Erweiterung der Funktionalität und Skalierbarkeit, indem sie spezialisierte Anwendungen oder Transaktionen außerhalb der Hauptkette unterstützt.

Signature
In der Kryptographie eine Methode, um die Authentizität und Integrität einer Nachricht oder Transaktion zu bestätigen; erstellt mit einem privaten Schlüssel und verifizierbar mit dem entsprechenden öffentlichen Schlüssel.

Signature Aggregation
Eine Technik, bei der mehrere digitale Signaturen zu einer einzigen Signatur zusammengefasst werden, um Speicherplatz zu sparen und die Effizienz in Blockchain-Transaktionen zu erhöhen.

Silk Road
Eine berüchtigte Online-Schwarzmarkt-Website, die für den Verkauf illegaler Waren und Dienstleistungen bekannt war und hauptsächlich Bitcoin für Transaktionen verwendete, bevor sie von den Behörden geschlossen wurde.

Smart Contract
Ein selbstausführender Vertrag mit den Bedingungen der Vereinbarung direkt in Code geschrieben; automatisiert die Ausführung von Verträgen und Transaktionen auf Blockchain-Netzwerken, ohne dass eine zentrale Autorität erforderlich ist.

Smart Contract Audit
Eine gründliche Überprüfung des Codes eines Smart Contracts, oft durchgeführt von unabhängigen Sicherheitsexperten, um Schwachstellen oder Fehler zu identifizieren, bevor der Contract veröffentlicht wird; erhöht die Sicherheit und Vertrauenswürdigkeit.

Soft Cap
Das minimale Kapital, das ein Kryptowährungsprojekt durch ein Crowdfunding-Event wie ein ICO oder IEO zu sammeln hofft; im Gegensatz zum Hard Cap, der das maximale Ziel darstellt.

Soft Fork
Eine rückwärtskompatible Änderung des Protokolls einer Blockchain, bei der nur die Validierungsregeln geändert werden und Blöcke, die nach den neuen Regeln erzeugt werden, von älteren Softwareversionen als gültig angesehen werden.

Software-Wallet
Ein Programm oder eine Anwendung, die zur Speicherung von Kryptowährungs-Private-Keys auf einem Computer oder mobilen Gerät verwendet wird; bietet bequemen Zugang zu Kryptowährungen, birgt jedoch Sicherheitsrisiken bei Geräteverlust oder -diebstahl.

Stablecoin
Eine Art von Kryptowährung, deren Wert an eine andere Währung, einen Warenkorb von Währungen oder einen anderen Wertmaßstab gebunden ist, um Preisstabilität zu gewährleisten; oft verwendet für Transaktionen oder als Wertspeicher.

Staking
Der Prozess des Haltens von Kryptowährungen in einer Wallet, um die Operationen eines Blockchain-Netzwerks zu unterstützen; oft im Kontext von Proof of Stake; bietet Belohnungen in Form von zusätzlichen Coins oder Tokens.

Staking Pool
Eine Gruppe von Kryptowährungsinhabern, die ihre Ressourcen bündeln, um ihre Chancen auf Belohnungen aus Staking-Aktivitäten zu erhöhen; teilen die Belohnungen proportional zu ihren Beiträgen.

State Channel
Ein Zwei-Wege-Kommunikationskanal zwischen Teilnehmern, der es ermöglicht, Transaktionen außerhalb der Hauptblockchain durchzuführen und später zu begleichen; verbessert die Skalierbarkeit und reduziert Gebühren.

Store of Value
Ein Asset, das die Fähigkeit besitzt, Wert über die Zeit zu bewahren und von Entwertung oder erheblichen Preisverlusten geschützt zu sein. Ein wichtiges Merkmal von hartem Geld.

Supply Chain
Die Gesamtheit der Schritte, die notwendig sind, um ein Produkt oder eine Dienstleistung vom Ursprung bis zum Endverbraucher zu bringen.

Swap
Der Austausch eines Assets oder einer Währung gegen ein anderes; in der Kryptowährungswelt oft durchgeführt auf Börsen oder innerhalb von DeFi-Plattformen.

Sybil Attack
Ein Angriff auf ein Netzwerk, bei dem ein Angreifer eine große Anzahl von Pseudoidentitäten erstellt und nutzt, um das Netzwerk zu übernehmen oder zu beeinträchtigen; ein Sicherheitsrisiko für dezentralisierte Netzwerke.

Synchronized Ledger
Ein Ledger oder Buchhaltungssystem, das über ein Netzwerk von Computern verteilt ist und dessen Daten synchronisiert und konsistent gehalten werden; grundlegend für die Funktionsweise von Blockchain-Netzwerken.

T

Taproot
Ein Bitcoin-Netzwerk-Upgrade, das die Privatsphäre und Effizienz von Transaktionen verbessert, indem es mehrere Signaturtypen und Smart Contracts ermöglicht, sich wie Standardtransaktionen zu verhalten; erhöht die Skalierbarkeit und Flexibilität.

Taxation
Die Anwendung von Steuern auf Einkommen, Gewinne oder Transaktionen; in der Kryptowährungswelt relevant für die Besteuerung von Handelsgewinnen, Mining-Einkommen oder anderen Krypto-bezogenen Einkünften.

Technical Analysis
Die Untersuchung von historischen Marktdaten, einschließlich Preis und Volumen, um zukünftige Preisbewegungen und Markttrends vorherzusagen; weit verbreitet im Handel mit Kryptowährungen und anderen Anlageklassen.

Testnet
Ein alternatives Blockchain-Netzwerk, das zum Testen und Experimentieren verwendet wird, ohne das Hauptnetzwerk (Mainnet) zu beeinträchtigen; ermöglicht Entwicklern, neue Funktionen sicher zu testen.

Throughput
Die Anzahl der Transaktionen, die ein Netzwerk oder System innerhalb eines bestimmten Zeitraums verarbeiten kann; ein wichtiger Indikator für die Leistungsfähigkeit und Skalierbarkeit von Blockchain-Netzwerken.

Time-lock
Eine Bedingung in einem Smart Contract oder einer Transaktion, die die Ausführung bis zu einem bestimmten Zeitpunkt oder bis bestimmte Bedingungen erfüllt sind, verzögert; ermöglicht zeitbasierte Vereinbarungen und Mechanismen.

Token
Eine digitale Einheit, die auf einer Blockchain erstellt und verwendet wird; kann verschiedene Zwecke haben, einschließlich als Währung, als Stimmrecht in einer DAO oder als Zugangsberechtigung zu Dienstleistungen.

Token Burn
Der Prozess des dauerhaften Entfernens von Tokens aus dem Umlauf; oft durch Senden an eine Adresse, von der sie nicht abgerufen werden können; verwendet, um das Angebot zu reduzieren und potenziell den Preis zu erhöhen.

Token Sale
Ein Event, bei dem ein neues Kryptowährungsprojekt seine Tokens zum Verkauf anbietet, oft als Teil eines Crowdfunding-Mechanismus wie einem ICO, IEO oder IDO.

Token Swap
Der Austausch eines Tokens gegen einen anderen; kann auf einer Kryptowährungsbörse oder durch einen Smart Contract auf einer DeFi-Plattform durchgeführt werden; oft verwendet, um zwischen verschiedenen Blockchain-Netzwerken zu wechseln.

Tokenization
Der Prozess der Umwandlung von realen Vermögenswerten oder Rechten in digitale Tokens auf einer Blockchain; ermöglicht die Teilung, den Handel und die Verwaltung von Vermögenswerten auf effiziente und transparente Weise.

Tokenized Securities
Finanzinstrumente wie Aktien oder Anleihen, die als digitale Tokens auf einer Blockchain dargestellt werden; kombinieren traditionelle Anlageklassen mit der Effizienz und Transparenz der Blockchain-Technologie.

Total Supply
Die Gesamtanzahl der existierenden Coins oder Tokens einer bestimmten Kryptowährung, einschließlich derer, die im Umlauf sind, und derer, die noch nicht freigegeben wurden.

Total Value Locked (TVL)
Der Gesamtwert aller Assets, die in einem DeFi-Protokoll oder -Projekt eingeschlossen sind; ein wichtiger Indikator für die Größe und das Wachstum des DeFi-Sektors.

Transaction Fee
Eine Gebühr, die für die Durchführung einer Transaktion auf einer Blockchain erhoben wird; bezahlt an Miner oder Netzwerkvalidatoren, um die Netzwerksicherheit und -funktionalität zu unterstützen.

Trustless
Ein System oder Prozess, der ohne die Notwendigkeit für Vertrauen zwischen Parteien funktioniert, indem er auf mathematischen Beweisen oder Blockchain-Technologie basiert; eliminiert das Risiko von Betrug oder Fehlverhalten.

Turing Complete
Die Fähigkeit eines Systems, jeden berechenbaren Algorithmus auszuführen; wichtig für die Flexibilität und Funktionalität von Smart-Contract-Plattformen wie Ethereum.

U

Unbanked
Personen, die keinen Zugang zu traditionellen Bankdienstleistungen haben; oft als Zielgruppe für Kryptowährungen und Blockchain-basierte Finanzlösungen angesehen, um finanzielle Inklusion zu fördern.

Unconfirmed Transaction
Eine Transaktion, die im Netzwerk übermittelt wurde, aber noch nicht in die Blockchain aufgenommen oder von den Netzwerkteilnehmern bestätigt wurde, befindet sich in einem vorläufigen Zustand.

Unit of Account
Eine standardisierte Maßeinheit für den Wert von Gütern, Dienstleistungen oder Vermögenswerten; in der Kryptowährungswelt genutzt, um den Wert von Transaktionen oder Investitionen zu messen.

Underlying Asset
Das Basisasset, das den Wert eines Derivats oder anderen Finanzinstruments bestimmt; in der Kryptowelt oft bezogen auf den realen Wert, der durch einen Token oder einen Smart Contract repräsentiert wird.

Utility Token
Ein Token, das einen Zugang zu den Produkten oder Dienstleistungen eines Unternehmens bietet, aber nicht als Investition gedacht ist; unterscheidet sich von einem Security Token, der Anteilsrechte oder Dividenden bietet.

V

Validator
Ein Teilnehmer in einem Blockchain-Netzwerk, der Transaktionen verifiziert und neue Blöcke zur Blockchain hinzufügt; besonders in Netzwerken, die Proof of Stake oder ähnliche Konsensmechanismen verwenden.

Vault
Ein sicherer Speicherort für Kryptowährungen; oft mit zusätzlichen Sicherheitsfunktionen ausgestattet, um den Schutz von Assets zu maximieren; kann Teil einer Wallet oder einer Plattform sein.

Venture Capital
Kapital, das von Investoren bereitgestellt wird, um Start-ups oder junge Unternehmen mit hohem Wachstumspotenzial zu unterstützen; in der Kryptowährungswelt oft genutzt, um innovative Blockchain-Projekte oder -Plattformen zu finanzieren.

Virtual Machine
Eine Software-Implementierung, die die Ausführung von Programmen in einer abstrakten, maschinenunabhängigen Umgebung ermöglicht; essenziell für die Ausführung von Smart Contracts auf Plattformen wie Ethereum.

Volatility
Die Rate, mit der der Preis eines Vermögenswerts steigt oder fällt; ein Maß für das Risiko oder die Unsicherheit bezüglich der Preisänderungen; besonders relevant im Kryptowährungsmarkt aufgrund schneller und signifikanter Preisbewegungen.

Volume
Das Gesamtvolumen oder die Menge eines Vermögenswerts, die innerhalb eines bestimmten Zeitraums gehandelt wurde; ein Indikator für die Marktaktivität und Liquidität; wichtig für die Analyse von Markttrends und -bewegungen.

W

Wallet
Eine digitale Brieftasche, die zur Speicherung, zum Senden und Empfangen von Kryptowährungen verwendet wird; kann als Software (Hot-Wallet) oder Hardware (Cold-Wallet) realisiert sein; essenziell für den Zugriff auf und die Verwaltung von Kryptowährungsbeständen.

Wallet Address
Eine einzigartige Zeichenfolge, die eine Adresse in einem Blockchain-Netzwerk repräsentiert, an die oder von der Kryptowährungen gesendet werden können; ähnlich einer Kontonummer oder E-Mail-Adresse für digitale Währungen.

Whale
Ein Individuum oder eine Organisation, die eine große Menge einer Kryptowährung besitzt, oft genug, um den Markt zu beeinflussen oder zu manipulieren; ein Faktor, der bei der Marktanalyse berücksichtigt werden muss.

When Lambo?
Ein Slang-Ausdruck in der Kryptowelt, der fragt, wann jemand genug Gewinn aus Kryptowährungsinvestitionen erzielen wird, um sich einen Lamborghini kaufen zu können. Symbolisierend für den Wunsch nach schnellem Reichtum.

Whitepaper
Ein Dokument, das die Technologie, das Konzept oder die Strategie eines Kryptowährungsprojekts detailliert beschreibt; dient als Grundlage für das Verständnis der Ziele und Mechanismen des Projekts; oft veröffentlicht im Rahmen eines ICO oder Token Launch.

Wrapped Tokens
Tokens, die den Wert eines anderen Assets repräsentieren und auf einer anderen Blockchain handelbar sind; ermöglichen die Interoperabilität zwischen verschiedenen Blockchain-Netzwerken, indem sie Assets über Ketten hinweg nutzbar machen.

Y

Yield Farming
Eine Investmentstrategie in der DeFi-Welt, die darauf abzielt, Renditen durch das Bereitstellen von Liquidität, das Ausleihen von Assets oder das Teilnehmen an anderen DeFi-Mechanismen zu maximieren; oft verbunden mit einem hohen Risiko und Komplexität.

Z

Zero Confirmation Transaction
Eine Transaktion, die im Netzwerk übermittelt wurde, aber noch keine Bestätigung durch das Hinzufügen zu einem Block erhalten hat; birgt Risiken des Double Spendings, wird aber für kleine oder zeitkritische Transaktionen genutzt.

Zero-Knowledge Proof
Ein kryptographisches Verfahren, bei dem eine Partei (der Beweiser) einer anderen Partei (dem Verifizierer) beweisen kann, dass eine Aussage wahr ist, ohne dabei irgendwelche spezifischen Informationen über die Aussage preiszugeben; ermöglicht erhöhte Privatsphäre und Sicherheit in Blockchain-Transaktionen.

Liebe Leserin, lieber Leser,

hat Ihnen dieses Buch gefallen?
Ihr Feedback, Ihre Anregungen und Ihre Kritik bedeuten uns viel, denn sie helfen uns, unsere Bücher kontinuierlich zu verbessern.

Die Meinung und Zufriedenheit unserer geschätzten Leserinnen und Leser stehen im Mittelpunkt unseres Schaffens. Ihre Gedanken sind uns wichtig.

Zögern Sie daher nicht, uns zu kontaktieren und Ihre Gedanken mit uns zu teilen. Senden Sie uns einfach eine E-Mail an:
feedback@eulogiaverlag.de

Besuchen Sie auch gern unsere Verlagsseite und entdecken Sie weitere spannende Bücher unter:
www.eulogiaverlag.de

Wir sind gespannt auf Ihre Nachricht und freuen uns darauf, von Ihnen zu hören!

Herzlichst
Ihr **Eulogia Verlag**